KB148505

알아두면 쓸데 있는
유쾌한 상식사전

— 일상생활 편 —

알아두면 쓸데 있는
유쾌한 상식사전 —일상생활 편—

초판 1쇄 발행일 2018년 6월 30일
초판 8쇄 발행일 2022년 1월 21일

지은이 조홍석
펴낸이 박희연
대표 박창흠

펴낸곳 트로이목마
출판신고 2015년 6월 29일 제315-2015-000044호
주소 서울시 강서구 양천로 344, B동 449호(마곡동, 대방디엠시티 1차)
전화번호 070-8724-0701
팩스번호 02-6005-9488
이메일 trojanhorsebook@gmail.com
페이스북 https://www.facebook.com/trojanhorsebook
네이버포스트 http://post.naver.com/spacy24
인쇄·제작 ㈜ 미래상상

개별 ISBN 979-11-87440-36-9 (04030)
세트 ISBN 979-11-87440-35-2 (04030)

* 책값은 뒤표지에 있습니다.
* 잘못된 책은 구입하신 곳에서 바꾸어 드립니다.

가리지날 시리즈 ❶

알아두면 쓸데 있는 유쾌한 상식사전

— 일상생활 편 —

조홍석 지음

트로이목마

*일러두기

1. 이 책에 사용된 어휘는 대부분 국어사전의 표기법을 따랐으나, 일부 표현과 표기법은 재미를 위해 구어체 그대로 표기했음을 밝힙니다.

2. 이 책에서 영어 original을 한글 '오리지널'이 아닌 '오리지날'로 표기한 이유는, 저자가 쓰는 용어인 '가리지날(가짜 오리지날)'과 대응하는 용어로 쓰기 위함임을 밝힙니다.

3. 이 책에 사용된 이미지는, 모두 무료 이미지사이트에서 다운로드하거나, 유료 이미지사이트에서 구입하거나, 저작권 프리(free) 이미지이거나, 저작권료를 지불하고 저작권자에게 구입하거나, 저작권자 연락처를 찾아 허락을 구하고자 했으나 찾을 수 없어 출처 표기로 대체한 것들입니다. 혹시 이미지 저작권자가 추후에 나타나는 경우, 별도 허락을 구하도록 노력하겠습니다.

들어가며

과학 문명의 발전 속에 위기감을 느끼던 인문학이 최근 다시 주목받게 된 것은 스티브 잡스(Steve Jobs)의 한 마디에서 비롯되었습니다.

'기술(technology)과 인문학(liberal arts)의 결합!'

하지만, 과연 잡스가 말하고자 한 본뜻을 잘못 이해한 건 아닐까 하는 생각을 떨칠 수가 없었습니다. 혹시 우리가 인문학을 단순히 문학, 사학, 철학 등 파편화된 인문학이라 오해해 이를 아는 것이 기술 혁신에 도움이 된다고 착각한 건 아닐까? 혹시 사용자의 입장을 이해하고 배려하자는 인본주의를 말한 건 아닐까?

우리가 알고 익혀야 할 학문은 서구 중심의 인문학만이 아닙니다. 우리는 과학기술의 세례를 듬뿍 받은 존재이면서도 여전히 비과학적인 미신도 믿는 불완전한 존재이니까요.

사실 현재 우리가 살아가는 세상은 지나치게 전문화되어 각자 전문분야는 잘 알지만 전체를 통찰하는 거대 담론이 사라지다 보니 자기의 입장에서 이야기할 뿐 타인의 시각이나 입장을 이해하기까지 오랜 시간이 걸리기도 합니다. 결국 이 세상 학문은 서로 연관되어 있고 의외의 곳에서 서로 만나기도 하는데 말이죠.

숱한 독서와 오랜 고민, 실제 사회생활에서 얻은 흥미 있는 지식을 모으고 나름대로 정리해 지난 8년간 여러 지인들과 나누었는데, 많은 분들의 격려에 힘입어 이제 책으로 출간해 많은 시민들과 여러 지식의 원천을 함께 찾아 떠나보고자 합니다.

1부는 옷에 대한 이야기입니다.

일상생활의 필수조건인 의식주 중 첫 번째로 꼽히는 옷은 신분과 남녀 구분 등 오랜 세월 일상생활 속 가장 중요한 항목이었기에 이에 대한 분석을 해보았습니다.

2부에서는 음식에 대해 이야기합니다.

각 민족, 국가마다 자연 환경에 따른 음식 문화의 차이와 그 유래에 대해 모았습니다.

3부는 주거에 대한 이야기입니다.

유목민과 정착민, 동·서양간 주거 환경의 차이가 사물에 대한 인식에도 어떤 차이를 만들었는지 모았습니다.

4부는 스포츠입니다.

일상생활을 이루는 의식주가 해결되면 시간적 여유가 생기면서 자연스럽게 다양한 오락거리가 만들어졌고, 일정한 규칙을 가진 신체활동, 즉 스포츠로 다듬어졌기에 이에 대한 이야기를 모아보았습니다.

주말에 원고 정리하는 남편을 이해해준 아내와 아이들에게 감사의 뜻을 전하며 도움 주신 여러 분들께도 감사 인사드립니다.

모쪼록 이 책이 누군가에게 발상의 전환을 이루는 계기가 되거나 서로가 상대의 입장을 이해할 수 있는 작은 인사이트를 제공하길 기원합니다.

차례

2부 | 식생활

| 3부 | 주생활

| 4부 | 스포츠

*가리지날이란, 오리지날이 아님에도 오랫동안 널리 알려져 이제는 오리지날보다 더 유명한 상식이 된 것을 의미하는 제 나름의 용어입니다. 😸

일상생활 속 가리지날 첫 번째 주제는 의식주 중 '의생활'입니다.

현재는 인류 문명이 발달해 옷은 생존 수단이 아니라 자기 자신을 표현하는 패션으로 변모했기에 인간 생활의 3가지 기본요소 중 중요도가 낮아졌으니 이제는 '식의주'라 해야 하지 않느냐고 하시는 분도 계시죠. 하지만, 옷은 오랜 기간 추위로부터 체온을 유지하는 생존을 위한 수단뿐 아니라 그 사람의 신분을 드러내는 중요한 표식이었기에 옛 조상들은 인간의 생존 요소 중 가장 먼저 옷을 손꼽았습니다.

지금부터, 우리가 미처 몰랐던 옷에 대한 가리지날 이야기를 시작해보겠습니다.

1부
의생활

01
양복 정장의 비밀

매일 아침 많은 직장인들은 양복 정장을 차려 입고 직장에 갑니다.
그런데 이 양복 정장에는 수많은 가리지날이 숨어 있답니다.

우선, 양복 정장 속에 입는 와이셔츠란 명칭은 사실 '가리지날'입

(와이셔츠라 불리는 드레스셔츠)

니다. 원래 명칭은 '드레스셔츠(Dress Shirts)'이지요.

와이셔츠라고 불리게 된 건, 100여 년 전 서구 열강이 아시아를 침범해 오던 시기에 가장 먼저 개방정책을 쓴 일본인들이 잘못 알아들어서 생긴 명칭이라고 하네요. 그때를 상상해보면 아마도 이렇게 된 것 같습

니다.

일본인 : "이 흰 옷은 뭐라 부릅니까니뽄?"

미쿡인 : "아 이거? White Shirts(화잇 셔츠)이지유에스."

일본인 : "(야! 천천히 쫌 말해) 에? 스미마생?"

미쿡인 : "(더 빠르게) 화잇 셔츠이라메리카!"

일본인 : "(쌍……, 또 묻기 귀찮)아~, Y셔츠이로구니뽄."

그리하여 드레스셔츠가 와이셔츠로 잘못 알려져 지금까지 그렇게 불리고 있다지요.

아~, 다 아는 내용이라고요?

그럼, 와이셔츠는 속옷이라 그 안에 러닝셔츠(일명 난닝구)를 입으면 안 된다는 것도 아시겠네요? 우리나라 직장인들은 대부분 러닝셔츠를 입는데 말이죠.

"러닝셔츠를 안 입으면 찌찌가 보이지 않느냐?"고 반문하는 분도 계신데요. 원래 양복 정장은 조끼까지 상의를 쓰리피스로 입는 것이 정석입니다. 조끼를 입으니 와이셔츠 안에 굳이 러닝셔츠를 입을 이유가 없는 것이죠.

그리고 원래 와이셔츠에는 주머니가 없었습니다.

와이셔츠 위에 입는 조끼 주머니 속에 회중시계를 넣고 다니다가 척 꺼내 보는 것이 신사들의 멋내기였거든요. (트로이목마 출판사의 역사소설 《회중시계》 강추요~. 🐻)

그러던 것이 실용을 추구한 미쿡인들이 유럽에서는 기본인 조끼를 안 입고 셔츠 위에 바로 재킷 상의를 입게 되면서 왼쪽 상단에 주머니를 달게 됩니다. (요새 나오는 슬림셔츠에서 다시 주머니가 없어졌지만요.)

그런데, 이 와이셔츠를 자세히 보면 불필요해 보이는 이상한 부분이 있습니다. 셔츠 뒷면 아래 불룩하게 내려오는 밑단 디자인은 왜 있는 걸까요?

제가 예전에 백화점 직원에게 물어보니,

"의자에 앉으면 등쪽 셔츠가 위로 말려 올라가니 핏을 좋게 하기 위해 아랫단을 둥그렇게 여유를 준 것"이라고 하더군요. 하지만……, 이것은 가리지날입니다. 원래 이 부분의 진정한 용도는 '궁디 가리개', 즉 '팬티'였습니다. 🐨

속옷의 역사

우리가 입는 삼각팬티나 드로즈는 그 역사가 채 100년이 되지 않습니다.

과거에는 반바지 타입의 속옷을 입거나 아예 안 입는 경우가 흔했다고 하죠. 그러니 셔츠 뒷부분의 둥그스름한 부분은 엉덩이를 감싸기 위해 존재하던 영역이었던 것이었던 것이었습니다. 양모로 만든 바지를 매일 세탁하기

(서구 여성 속옷의 변천사)
(출처_구글 이미지)

18th Century   1900   1950   1970   1980   1990   2006

곤란하니 셔츠로 1차 방어(?)를 한 거죠.

우리나라에서는 예전에 '속곳'이라 하여 남녀 모두 반바지 스타일의 펑퍼짐한 속옷을 입었고, 일본은 아래가 터진 속옷, '훈도시'를 입었는데, 영국 스코틀랜드 지방 남성이 입는 킬트(kilt) 치마 역시 원래 그 안에는 아무것도 안 입었다고 하죠.(어따~, 시원스코틀랜드! 4장에서 다시 소개할 거예요.)

그 외 여러 나라 민속의상에서도 팬티를 안 입는 것이 정상인 경우가 많은데, 그게 다 속옷이 없던 시절에 입던 옷이라 그런 겁니다. 자, 이제 와이셔츠가 속옷이라는 것이 확실히 이해가 되죠? 🐻

그리고 뽀나스! 미쿡 만화를 보면 속옷의 변천사를 알 수 있답니다.

1927년 탄생한 미키마우스의 여친, 미니마우스는 반바지 스타일의 팬티를 입고 있지만, 1938년 첫 선을 보인 슈퍼맨은 막 유행하기 시작한 최신식 삼각 빤쮸를 입고 등장합니다. 그것도 파란 쫄바지 위에 행운의 상징, 빨간 빤쮸를 겹쳐 입고서요.(우리나라 영남 지방에서는 새로 오픈하는 백화점 개시일에 빨간 팬티를 사면 재수가 좋다는 미신이 있답니다. 그걸 안건가? 🐻)

이후 70여 년간 슈퍼맨은 빨간 빤쮸를 자랑하며 전 세계를 누볐는데요.(상대방에게 '클라크 기자'라는 정체를 들키지 않기 위해 일부러 시선을 얼굴이 아닌 팬티로 유도하고자 그렇게 입고 다닌다는 분석도 존재합니다만…… 🐻)

하지만 21세기 들어 이런 고귀한 의미를 망각한 후손들은 빨간 빤쮸가 망측하다며 파란 쫄쫄이 바지만 입히고 있지요.

옷깃 여밈

그런데, 이 같은 속옷 변화 말고도 옷을 입을 때 좌우 옷깃을 어떻게 하는지도 시대에 따라 변화가 많았답니다.

현재 우리가 입는 서양식 옷에서는 남성복은 왼쪽 깃이 위로 오고, 여성복은 오른쪽 깃이 위로 오게 되어있는데, 한복에선 남녀 모두 옷깃이 왼자락 이랍니다.

이게 말보단 그림으로 보시는 게 이해가 빠르겠네요.

즉, 남성 복장에선 서양 옷이나 한복 모두 왼쪽 깃이 위로 옵니다. 여성 복장에서는, 서양 옷에서는 단추를 잠글 때 오른쪽 깃이 위로 오지만 한복 저고리 고름을 맬 때는 왼쪽 자락이 위로 오지요

(오른쪽 자락이 위로 오는 여성 블라우스)

(왼쪽 자락이 위로 오는 한복)

우리나라 옷의 변화를 보면, 고구려 무용총 벽화 등 초기 고분 벽화에서는 여성들의 장삼이 북방민족 문화의 영향으로 왼자락 위가

많은데, 장수왕의 평양 천
도 이후 고분에서는 중국
문화의 영향으로 오른자락
위가 많아집니다.

(일본 기모노도
왼자락이 위예요.)

이후 고려 전기까지 중
국화가 진행되면서 오른자
락 위 복장이 주류가 되나,
고려 중기 몽골 침입 이후 다시금 북방 유목민인 몽골 복식을 따라
왼자락이 위로 온 후 조선시대에도 이어져 지금까지 내려오고 있다
고 하네요.

일본 역시 기모노가 왼자락이 위로 오고 있어 북방 유목민 문화
의 영향을 받았음을 알 수 있지요.

모자의 역사

아참! 정장을 입을 때는 조끼와 함께 모자를 쓰는 게 원래 정상이었
어요. 실제 역사적으로도 모자는 해당 인물의 신분을 알려주는 중요
한 표식이기도 했지요.

우리나라에서도 조선시대엔 임금님만 익선관을 쓸 수 있었고, 외
국에서도 신분에 따른 모자의 규격이 엄격히 적용되었습니다. 그런
데, 조선 초에는 익선관이 작았지만 후기로 가면서 높이가 점점 높

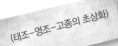
(태조-영조-고종의 초상화)

아지다가 고종 시절에 흥선대원군의 명령으로 다시 간소화해 작아져요.

임금님 익선관도 유행을 탔단 사실! 🐻

이후로도 오랫동안 모자는 신사의 필수품이었지만 1960년대에 이르러 간편함을 추구하면서 전 세계적으로 모자를 안 쓰는 것이 유행이 되어 이제는 조끼와 함께 옵션이 되어버렸지요.

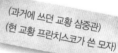
(과거에 쓰던 교황 삼중관)
(현 교황 프란치스코가 쓴 모자)

실제로 가톨릭 교황도 1963년 이후엔 삼중관을 쓰지 않고 간소한 모자로 대체하는 등 시대에 따라 많은 변화가 이루어졌어요.

최근의 모자 변천사는 가장 오랜 역사를 자랑하는 시리즈 영화 '007시리즈'를 보면 알 수 있어요.

숀 코너리(Sean Connery)가 맡았던 초기 영화에선 그 유명한 총구 오프닝 시퀀스에서 모자를 쓰고 오다가 총을 발사하지만, 1969년 6편부터는 오프닝에 모자 없이 나옵니다. 하지만, 오존층이 얇아지면서 자외선이 더욱 강해지는 현실을 생각하면 야외에 나갈 땐 모자를 쓰는 것이 건강엔 더 좋답니다. 특히 우리나라에선 봄철인 4~6월에 가장 오존층이 얇아지니 여름철보다 더 자외선 노출을 조심해야 하죠.

옛 속담에, "봄볕은 며느리를 쬐이고, 가을볕은 딸을 쬐인다."란 게 있는데, 우리 조상님들은 봄 자외선이 강하단 걸 어찌 알았을까요? 🐻

그나저나, 이 같은 추세와 상관없이 모자를 써야 하는 직종이 있는데, 이들 직종은 공통점이 하나 있습니다. '업무가 고달프다'는 거죠. 흑흑! 🐻

실제로 지난 2016

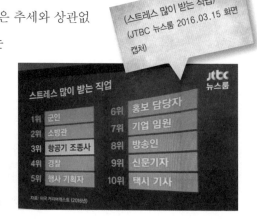

(스트레스 많이 받는 직업)
(JTBC 뉴스룸 2016.03.15 화면 캡처)

년 미국 커리어캐스트가 조사한 '스트레스 많이 받는 직업'에서 1~4위가 모두 모자를 써야 하는 직종이었습니다.

1위는 군인, 2위 소방관, 3위 항공기 조종사, 4위 경찰.

그런데 모자를 안 쓰는 홍보담당자가 6위네요. 헐~ 이게 제 일인데……

눈물을 쓰윽~ 닦으며 첫 글을 마칠까 합니다.

02
영원한 라이벌, 단추와 지퍼

앞장에서 양복 정장 속 가리지날에 대해 알아봤는데요.

이번엔 옷을 여미는 데 필요한 단추와 지퍼에 대해 알아봅시다.

단추의 유래

대다수의 옷에는 단추가 있습니다. 하

지만 옷을 여미는 기능을 하는 단추

는 사실 '가리지날'입니다.

(단추는 원래
장식용이었어요.)

　원래 단추는 인류 역사상 수천 년간 장식용이었습니다. 브로치

의 조상님이시죠. 🐻

그 흔적은 여러분이 늘 입는 양복 정장 소매 단추에 남아 있습니다. 사실 기능상으로 그 자리에 있을 필요가 없는 단추가 장식으로 달린 거예요. 생각해보면 한복 등 동양 전통 복장엔 단추

(양복 정장 소매에 달린 장식용 단추들)

가 없어요. 단추가 현재처럼 옷을 고정하는 용도로 쓰인 것은 13세기 유럽에서 시작된 겁니다.

수천 년간 옷을 고정하는 용도는 벨트나 매듭, 핀이 사용되었고 단추는 그저 장식이었습니다.

최초의 장식용 단추는 역사학자들의 추론에 따르면 기원전 6000년경 이집트에서 조개껍질이나 갑오징어 같은 연체동물 뼈를 말려서 옷에 꿰매면서 시작되었다고 합니다. 그러다가 세월이 지나면서 상아나 동물 뼈에 정교하게 조각하거나 금박이나 보석을 박아 장식했다고 하는데요. 즉, 브로치처럼 멋을 내는 용도로 사용한 거지요.

고대 그리스 A여사 : "오호호~ 어때요? 내 어깨 양쪽에 매단 진주조개 쌍둥이 세트~. 우리 남편이 로도스에서 직구한 조개 단추를 선물로 받았그리스~."

고대 그리스 B여사 : "어머~ 예쁜 조개네요. 근데 이를 어쩌나……. 내 허리 벨트엔 남편이 선물한 금박 입힌 산토리니 조개 단추가 있지 헬라~."

뭐 대충 이런 느낌이었다고 생각하시면 됩니다. 🐻

서양 단추의 역사

이후 BC 1세기경 두 개의 금속 고리를 연결하는 방식이 등장했는데, 마치 꽃봉오리 같다고 하여 라틴어로 '보통Bouton'이라 불렸는데, 이것이 영어로는 '버튼button'으로 약간 변형되어 현재에 이른 것이라 합니다.

"내가 프랑스왕, 프랑수아1세~"

"나도 단추 많다능! 헨리8세"

오랜 기간 단추는 장식용으로만 사용되다가 13세기경 유럽의 어떤 이름 없는 선구자의 발견 덕분에 옷에 단추 구멍을 내어 여미는 방식이 등장하면서 비로소 단추가 새로운 역할을 담당하게 됩니다. 당시 유럽인들은 단추의 새로운 사용법에 얼마나 열광했던지 옷에 촘촘히 단추 구멍을 만들어 목부터 발목에 이르기까지 단추를 수백 개 단 사제복까지 등장했고 옷 입는 데 수십여 분이 걸렸다고 하

지요. 🐻

하지만 단추가 장식용으로 쓰이던 전통도 여전히 남아 있었기에 엄격한 신분제 사회이던 중세 유럽에선 평민이 장식용 단추를 다는 것을 금지하고 귀족만이 고유의 가문 문장(紋章)을 새기거나 금은 보석으로 치장한 단추를 옷에 매달아 신분을 드러냈다고 합니다.

이런 단추 자랑에 대한 유명한 일화가 하나 있습니다.

1520년 프랑스의 르네상스 군주, 프랑수아1세가 프랑스 칼레 평원에 도착한 영국왕 헨리8세를 만나러 갈 때, 검은 벨벳 옷에 1만 3600개의 금단추를 달아 프랑스의 부를 자랑했다고 합니다.

그런데, 불과 60여 년 전인 1453년까지 백년전쟁을 벌인 두 나라 임금이 왜 만났느냐면, 당시 프랑스가 지금의 독일, 오스트리아, 스페인, 체코, 네덜란드, 벨기에 지역을 장악한 신성로마제국과 이탈리아 북부 땅을 놓고 27년 전쟁을 벌이고 있었거든요. 프랑스로서는 속국이나 마찬가지인 밀라노공국마저 뺏기면 완전 고립되는 상황!

즉, 쉽게 말해 서유럽에서 영국과 프랑스를 제외한 전 지역이 합스부르크 왕가에 떨어지게 되는 지경인지라, 60년 전까지 싸우던 두 나라가 본의 아니게 화해를 하고 공동 전선을 펼치기로 약속함에 따라 영국 왕이 친히 군대를 이끌고 프랑스 편에 서서 이탈리아 북부 영토 전쟁에 참전하려고 한 거지요.

그런데 족보상 합스부르크 신성로마제국의 황제 카를5세에게 프랑스 왕 프랑수아1세는 매형, 영국 왕 헨리8세는 이모부였다는 거. 이거 완전 우리나라 아침 드라마 같이 출생의 비밀로 꼬인 상황……

그런 중요한 자리였고, 영국 왕이 친히 프랑스까지 온 상황이니 정황상 프랑수아1세가 정중히 모셔야 했는데 단추 자랑을 했으니 동맹은 결국 결렬! 🐻

영국의 협조를 못 구한 프랑스는 5년 뒤 발발한 파비아전투에서 스페인 군에 패배해 프랑수아1세가 전쟁포로가 되어 마드리드 감옥에 끌려가고, 결국 프랑스는 이탈리아 북부 영토를 잃는 등 어려움을 겪게 됩니다.

곧이어 2년 뒤인 1526년 스페인 군은 프랑스와 손잡았던 교황을 붙잡기 위해 로마를 함락시킵니다.

8세기 이슬람 해군의 침략도 버텨냈던 가톨릭의 성지이자 교황의 직할지인 로마는 가장 신앙심이 깊다던 스페인 군에게 박살난 거죠. 🐻 그 여파로 인해 사면초가에 몰린 프랑스가 토스카나공국, 오스만투르크제국과 연맹을 맺게 되면서 양식 코스요리와 커피가 프랑스에 전파되는데요.

그 이야기는 2부 식생활 편에서 다시 다룰게요.

반면 프랑수아의 금단추에 빡친 헨리8세의 딸, 엘리자베스1세는 대항해시대를 맞아 극빈국 영국을 해양대국으로 키워내 스페인 무적함대를 격파하는 등 전성기를 맞으며 한 쪽 장갑에만 48개의 금단추를 달고

"아빠. 드디어 우리 영국도 부자가 됐글랜드~"

위세를 뽐냈다지요. 🐻

그 후로도 단추는 장인이 한 땀 한 땀 만드는 고가의 제품이어서 고위직의 전유물이었지만, 1770년 독일에서 위스터란 장인이 금속 단추 제조 기술을 발명하고 산업혁명 이후 기계 보급에 따라 여러 금속 재료로 손쉽게 만들 수 있게 되면서 서민들에게도 단추가 급속히 전파됩니다.

이처럼 단추가 대중화되는 금속 단추 제조 기술이 발명되기 직전 해인 1769년, 원래는 이탈리아 땅이었으나 프랑스에 팔린 코르시카 섬에서 나폴레옹이 태어납니다.

그런데, '나폴레옹 보나파르트(Napoleon Bonaparte)'란 이름은 사실 '가리지날'입니다. 원래 부모가 이탈리아 사람이라 '나폴레오네 부오나파르테'가 본명이었지요.(어쩐 나폴리 피자 이름 같다만…….)

아버지는 이탈리아 복귀를 원하는 독립운동가였고 당초 나폴레옹도 독립운동에 뛰어들지만, 결국 배신해 프랑스 군에 투신하면서 프랑스식으로 창씨개명한 겁니다. 이후 오히려 이탈리아 원정군 사령관으로 출세한 나폴레옹은 1800년 알프스 산맥을 넘는 기습전으로 합스부르크 가문 오스트리아 군을 물리치고 이탈리아 전역을 프랑스 지배하에 넣으니…….

275년 전 프랑수아1세가 합스부르크 카를5세에게 당한 치욕적인 패배를 되갚으면서 일약 프랑스의 영웅으로 등장해 결국 4년 뒤인 1804년, 신성로마제국 황제 대신 로마 교황으로부터 황제 관을 억지로 받아 프랑스왕국을 드디어 제국으로 격상시킵니다.

(나폴레옹 대관식, 다비드 그림, 로마 교황이 파리 출장옴)

그러면서 로마를 프랑스제국의 제2수도로 정했으니 이탈리아인들에겐 흑역사지요.

힘만 세면 누구나 황제라 칭할 수 있었던 동양과 달리, 서양에서 황제란 '신의 대리인'인 교황이 임명한 로마제국의 계승자란 의미였기에 함부로 스스로 황제라 부를 수 없었습니다. 당시 서로마제국 황제의 후계는 프랑크제국 – 신성로마제국으로 이어져 오스트리아 합스부르크 왕가가 세습하고 있었고, 동로마제국 황제의 후계는 마지막 동로마 황제의 조카가 시집간 러시아 왕가가 이어받아 대대로 러시아가 황제(차르Tsar, 카이사르의 러시아 발음)를 자칭했습니다.

하지만 이탈리아까지 장악한 나폴레옹은 억지로 교황을 파리로 불러 들여 '프랑스 황제 대관식'을 엽니다. 교황은 본인이 관을 씌워

쥐 그나마 권위를 과시하고자 했으나 나폴레옹은 교황 손에서 관을 빼앗아 스스로 황제 관을 씁니다. 🐻 (쓰다 보니 그 당시 교황들이 안쓰럽긴 합니다.)

당시 이 대관식 그림을 그리려 현장에 있었던 다비드는 이 당황스런 광경 대신 나폴레옹이 부인 조세핀에게 관을 씌워주는 장면으로 대체해 그립니다. (센스 짱~!)

하지만 나폴레옹은 본인이 스스로 만든 프랑스 황제에 만족하지 않고, 조세핀과 이혼한 뒤 오스트리아 합스부르크 왕가, 마리 루이즈 공주와 재혼하면서 기어코 신성로마제국을 폐지해 서유럽 세계의 유일한 황제가 되고자 합니다. (오스트리아는 이에 반발해 이후 오스트리아 황제라 새로이 지칭하지요. 🐻)

아, 그런데 영국도 대영제국 아니냐고요? 영국은 인도제국을 정복한 것을 계기로 스스로 '영국 왕 겸 인도제국 황제'라 선포하며 '제국'이라 했지만 유럽 본토에선 '섬나라 애들 용쓴다'고 코웃음을 쳤답니다. 🐻

나폴레옹은 국민병으로 차출한 프랑스 군인들의 사기를 높이기 위해 당시 새로 발견한 금속인 주석으로 단추를 만들어 위세를 과시하게 됩니다.

나폴레옹 : "프랑스제국 군인들에게 최신형 단추를 달아 우리 권세를 널리 알려라레옹~."

신 하 A : "황제 폐하 만쉐이~! 군인은 '가오'가 살아야 전투할 맛이

나지수아～."

나폴레옹 : "뭔가 에뛰드하고 아방가르드하면서도 엣지 있는 새 단추를 달아보르시카～."

신 하 B : "보그병신체를 자유자재로 사용하시다니 우리 황제는 역시 남다르다랑스～. 요새 와인잔으로 각광받는 주석으로 단추를 달면 좋겠수아～."

나폴레옹 : "역시 내 신하들은 남다르다르시카! 어서 신상 주석 단추를 달게하라레옹～."

그런데, 아뿔사! 주석은 기온이 낮아지면 으스러져 깨지는 줄 당시엔 몰랐다네요. 그래서 1812년 러시아 원정 시, 모스크바 점령에

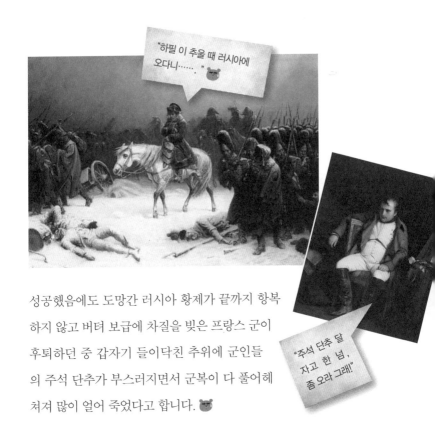

성공했음에도 도망간 러시아 황제가 끝까지 항복
하지 않고 버텨 보급에 차질을 빚은 프랑스 군이
후퇴하던 중 갑자기 들이닥친 추위에 군인들
의 주석 단추가 부스러지면서 군복이 다 풀어헤
쳐져 많이 얼어 죽었다고 합니다. 🐻

동양 단추의 역사

그럼 동양권에선 언제부터 단추를 사용했을까요?

　동양에서는 가느다란 띠에 매듭을 맺어 고리처럼 엮는 형태의 매
듭단추가 있긴 했지만 옷에 붙은 천으로 매듭을 지은 것이었고, 옷
감과 별개인 단추는 장식 용도로만 일부 사용되었습니다.

(치파오 목과 어깨에 있는 매듭단추. 우리나라에는 통일 신라시대에 전래되었지만 조선시대 들어 거의 사용하지 않고 매듭을 주로 활용했다고 하네요.)

(우리나라 실정에 맞게 개량한 마고자) (만주족 마괘, 매듭단추 스타일)

그러다가 18세기 유럽인과의 접촉이 활발해진 청나라 후기에 이르러 서양식으로 단추로 옷을 여미기 시작하는데, 우리나라에는 임오군란 당시 흥선대원군이 배후조정자로 지목되어 청나라에 잡혀갔다가 귀국할 때 마고자를 입고 오면서 단추가 알려지기 시작합니다.

마고자는 지금에야 저고리 위에 입는 우리나라 전통 복장이 되었지만 원래는 만주족이 입던 옷, 마괘를 우리 실정에 맞게 고친 것입니다. 🐻

본의 아니게 단추 얼리어답터가 된 흥선대원군은 세계 최초로 면

13겹으로 총알을 막
는 방탄조끼(면제배
갑, 綿製背甲) 제작
을 지시한 분이기
도 하지요. 미국 스미소니언박물
관에는 1871년 신미양요 당시 미
군이 획득한 조선군 방탄조끼 한
벌을 전시 중입니다.

(세계 최초
방탄조끼,
면제배갑)

이후 개화기에 이르러 양복이 보급되면서 단추 사용이 증가하게
되었죠. 또한 우리 전통 옷에는 원래 주머니가 없어서 별도로 주머
니를 달고 다녔는데 서양 옷은 자체에 주머니가 있는 것을 보고 오
랑캐 주머니, 즉 호(胡)주머니라 부르게 되었답니다.

자~, 단추의 역사는 이 정도로 끝내고요. 단추의 영원한 라이벌,
지퍼 얘길 해볼게요.

지퍼의 역사

"내 이름은 원래
패스너였지!"

우리가 옷이나 가방에 많이 사
용하는 지퍼(zipper)란 단어는
사실 '가리지날'입니다. 원래는
구두 덧신에 사용하던 패스너

(fastener)가 오리지날입니다. 엥 그게 뭐냐고요? 🐻

단추와 달리 지퍼의 역사는 짧고 그 유래가 명확합니다.

조선 땅에 비로소 단추가 막 유행하기 시작하던 1893년, 저 멀리 태평양 건너 미국에서는 새로운 잠금 장치가 세상에 선보입니다. 그것은 바로 단추의 라이벌, 지퍼!

미국 시카고 만국박람회(엑스포)에서 휘트콤 저드슨(Whitcomb L. Judson)이란 발명가가 '패스너'란 이름으로 지퍼를 처음 세상에 소개하지만, 초기 역사에 대해서는 자료마다 조금씩 서로 다른 이야기가 전해지고 있습니다.

하지만 지퍼는 당시엔 눈에 띄는 발명품이 아니었습니다. 시카고 박람회에서 최대 화제작은 철골과 전기로 움직이는 세계 최초의 대관람차 '페리스 휠(Ferris Wheel)'이었어요.

설계자 조지 워싱턴 게일 페리스(George Washington Gale Ferris, Jr.)의 이름을 딴 '페리스 휠'은, 직경 75미터에 60명이 탈 수 있는 곤돌라 36

(페리스 휠) (비엔나 프라터공원 리젠라트)

개가 달려 한번에 2,160명을 태울 수 있어, 미국 과학 기술의 발전을 자랑하는 혁신의 아이콘이었습니다.

미국 기획자 : "프랑스 애들은 걍 철탑(에펠탑) 세웠유에스에이? 우리 꺼는 움직인다메리카~."

하지만 이 관람차는 시카고 박람회 후 철거된 반면, 4년 전 1889년 파리 만국박람회의 아이콘이던 에펠탑은 당초 행사 후 철거될 예정이었으나 전파 수신장치로 유용하다는 판단에 따라 살아남아 이제는 프랑스의 상징이 됩니다. 🐻

그래서 현재 남아 있는 가장 오래된 대관람차는 오스트리아 비엔나, 프라터공원에 있는 '리젠라트(Riesenrad, 거인바퀴)'입니다.

프라터공원 얘길 하려면 잠깐 배경 소개를 해야겠네요. 지금은 오스트리아가 스위스랑 비슷한 크기의 작은 나라에 불과하지만 200여 년 전까지는 지금보다 9배 이상 넓은 영토를 가진 거대한 나라였어요. 오스트리아를 지배한 합스부르크 가문은 신성로마제국 황제 승계권을 지속적으로 이어받음으로써 수도 비엔나는 프랑스 파리와 함께 중세 유럽의 거대도시가 되었습니다.

또한 앞서 단추 에피소드에서 언급한 것처럼 프랑스가 카를5세에 패배한 후, 이슬람 국가인 오스만투르크제국과 연합하면서 오스만투르크 군이 헝가리까지 함락하지만, 오스트리아 군은 신성로마제국의 콘트롤센터인 비엔나 포위 공격을 2번이나 버텨냄으로써 기독교 세력을 지켜내는 역할을 합니다.

하지만 세월이 흘러 스페인, 네덜란드, 벨기에 등이 분리되어 나가고 세력이 약화되면서 프란츠 요제프1세 시절, 이탈리아 통일 전쟁 여파로 그나마 지배하고 있던 북이탈리아의 롬바르디아와 베네치아 지역을 상실해 바다를 뺏기고, 이후 프로이센왕국과의 전쟁에서 패배해 독일 연방에서도 쫓겨납니다.

당초 신성로마제국 황제를 선출하는 독일 7개 선제후 중 한 곳이 오스트리아 합스부르크 가문이었는데, 프로이센 비스마르크 재상의 노력으로 나머지 제후들이 똘똘 뭉쳐 오스트리아만 빼고 '독일제국'이 수립되지요.(중세 신성로마제국이 '제1제국', 이때 독일제국이 '제2제국', 이후 히틀러가 다시 종신총통이 되면서 나치당이 지배한 독일을 '제3제국'이라 칭하게 됩니다.)

합스부르크 가문이 지배한 오스트리아는 이처럼 왕따가 되자 독일 연방에서 탈퇴해 같은 게르만족이면서도 별도의 나라로 결별합니다.

이에 전 유럽의 지배자라는 자부심이 크던 오스트리아 백성들의 마음을 달래기 위해 원래 합스부르크 왕가 사냥터였던 프라터 평지를 유럽 최초의 놀이동산으로 전 국민에게 개방합니다. 그리고 1897년 황제 즉위 50주년을 기념하고자 4년 전 바다 건너 미국에서 처음 선보인 페리스 휠을 모방해 대관람차를 만들었지요. 비록 지금은 내구성 유지를 위해 탑승 곤돌라를 절반으로 줄였지만 그래도 120년째 잘 운행되고 있어요. 와우~!

그런데 어쩌다 제가 지금 대관람차 얘기를 하고 있죠? 아 맞다! 지퍼 얘기하던 중이었지······. 🐻

자자, 다시 이어갑니다. 🐻

페리스 휠로 유명해진 시카고 박람회에서 첫 선을 보인 패스너(지퍼)는 발명가인 휘트콤 저드슨과 군에서 은퇴한 후 사업가로 변신한 워커 중령이 의기투합해 만든 발명품이었지요. 하지만 수작업으로 만들어져 단가가 비쌌고, 사용하기도 불편해 잘 팔리지 않았다네요. 그래서 이 둘이 설립한 유니버설 패스너 컴퍼니(Universal Fastner Company)라는 회사에 취업한 스웨덴 출신 엔지니어 기드온 순드바크(Gideon Sundback)가 1917년에 자동 제조 기계를 개발해냅니다.

하지만 이 같은 노력에도 처음엔 그다지 성공적인 상품이 아니었다고 하네요. 최초 발명자이건 워커 중령이건 지퍼의 용도는 덧신 끈 대용으로만 생각했거든요. 🐻 (성이 워커(Walker)라 신발에 집착했나? 아~, 아무도 안 웃는 영어 개그 🐻)

구두 덧신이 뭐냐면, 당시엔 포장도로가 적어 구두만 신고 나갔다가는 진흙탕에 신발이 엉망이 되기 일쑤여서 방수 덧신인 갈로쉬(galoshes)를 신고 다니는 것이 일상적이었대요.

그런데 매번 허리를 굽혀 끈을 묶었다가 푸는 게 귀찮았기에 덧

(구두 아래 다른 색깔 부분이 갈로쉬, 요즘은 고무 제품이 다수라네요.)

신에 지퍼를 달면 신고 벗기가 편하다고 생각한 거지요. 이 덧신에 붙인 지퍼 제품이 보급에 성공하게 된 건 미국 최초의 타이어 회사인 비에프굿리치(BF Goodrich) 사가 이 새 발명품을 상품화해 널리 알리면서부터입니다.

당시까지만 해도 여전히 패스너라 불리었지만 BF굿리치 사는 1923년 장화를 열고 닫을 때 나는 '지-지-지프(Z-Z-ZIP)'라는 소리에 착안하여 이 제품에 '지퍼(Zipper)'란 상표를 붙여 팔면서 점차 지퍼가 새 발명품의 대명사로 자리 잡게 됩니다.

하지만 굿리치 사의 지퍼라는 상표를 단 패스너는 쇠 대신 구리를 사용해 녹물을 방지하는 등 개선되었고, 1921년부터는 점퍼에 지퍼를 달아 판매하기도 했지만, 패션 디자이너들은 여전히 단추를 선호했다고 합니다. 다만 아동의류 제작자들이 단추를 풀기 어려워하는 어린이를 위한 용도로 지퍼를 달기 시작했다고 하네요.

그러다가 우연한 계기로 지퍼가 각인되기에 이르는데, 1937년 프랑스에서 열린 세계 각국 항공기 경연대회에 참가한 미군 조종사들이 한 벌 슈트로 만든 방한 비행복에 단추 대신 지퍼를 단 것이 패션 디자이너들의 주목을 받으면서 그 효용성이 드디어 빛을 발하게 된 겁니다.

하지만 세월이 흘러 경영난에 처한 굿리치는 1988년 프랑스 타이어 회사 미슐랭에 매각되지요. 지금은 맛집 가이드 책으로도 유명한 바로 그 회사요.

참고로, 세상에서 가장 많이 고무 타이어를 만든 회사는 장난감

회사인 레고(LEGO)예요. 🐻

이처럼 지퍼가 옷을 여미는 새 용도로 사용되면서 1930년대 이후 바지 앞단, 가방 등으로 널리 확산됩니다. 하지만 여전히 유럽의 고급 맞춤 양복점에선 바지 앞단에 지퍼 대신 단추를 사용하고 명품 가방에서도 단추 등 다른 잠금 장치를 다는 경우가 많아요. 그건 '저 요망한 지퍼란 물건은 대서양 건너 '미쿡 상것'들이 만든 것이니 오랜 역사를 자랑하는 단추가 더 격식이 높다'고 유럽인들이 생각하기 때문이라네요. 🐻

우리가 옷을 입을 때마다 유용하게 쓰이는 단추와 지퍼, 그 기나긴 역사를 이제 아시겠지요? 🐻

03
바지와 치마

"내가 바로 섹시 속옷, 가터벨트야!"

여러분이 생각하는 가장 섹시한 여성 속옷은 뭘까요?

아마도 많은 분들이 가터벨트(garter belt)를 꼽으실 텐데요.

가터벨트가 여성 속옷인 것은 '가리지날'입니다. 🐻 원래 오리지날 가터벨트는 남성용이었습니다. 🐻

다른 속옷과 달리 이 가터벨트는 발명자가 누군지 알려져 있는데요. 그 분은 바로 칸트 선생 되시겠습니다. '응? 내가 아는 칸트는 철학자 임마누엘 칸트(Immanuel Kant)밖에 없는데?'라고 생각하고 계시죠? 맞아요. 그 분이세요. 🐻

《순수이성비판》, 《실천이성비판》, 《판단력비판》 등 아주 복잡하고 어려운 철학서를 연달아 발간함으로써 철학과 학생들의 스트레스를 가중시켰으며, 독일 고전철학의 기초를 놓아 철학사에 큰 획을 그으신 그 분이 가터벨트도 만드셨으니, 참 열일하셨습니다.

그렇다고 칸트가 이상한 사람이었던 건 아니고, 이유가 있었습니다. 🐻

당시 직조 기술로는 양말이 타이트하게 조여지지 않아 줄로 묶었다고 해요. 그래서 매일 동일한 시간에 산책을 할 정도로 건강관리에 신경을 쓰던 칸트는 줄로 다리를 묶는 것은 건강에 나쁘다고 생각해 당시 말 안장에 쓰던 신축성 있는 벨트를 정강이에 매고 끈으로 양말 윗단을

잡아 흘러내리지 않게 고안해낸 겁니다.

이후 여성 치마가 짧아지면서 스타킹에도 적용하면 효과적이라는 게 알려지면서 서서히 여성 속옷으로 진화해나간 것이죠.

이외에 지금은 주로 체조복을 지칭하는 레오타드(Leotard)가 여성 전용인 것도 '가리지날'입니다.

상의와 빤쮸가 붙은 이 의상 역시 원래는 남성 옷이었답니다.

누가 만들었냐고요? 미스터 레오타드 선생이시라네요. 그래서 옷 이름이 레오타드! 🐻 지하에서 칸트 선생이 자신이 창안한 가터벨트가 '칸트벨트'라 불리지 않는 것을 다행이라 여기실 듯. 🐻

이 옷을 창안한 프랑스 곡예사 줄 레오타드(Jules Leotard)는 공중그네를 처음 선보인 유명한 서커스맨이었는데, 공중곡예 시 옷에 붙은 주머니 등 부착물이 공연에 방해가 될 것을 우려해 쫄쫄이 옷을 최초로 고안해 입었다고 하네요.

"곡예할 땐
레오타드가
최고지!"

44

그래서 한동안 남성 곡예사나 근육질 남성들이 몸매를 강조하기 위해 입었다는데, 이후 무용수와 운동선수도 입기 시작하면서 레슬링복, 체조복으로 확대된 것이라고 합니다.

스타킹과 하이힐의 역사

이와 비슷하게 스타킹과 하이힐이 여성 복장이란 것도 '가리지날'입니다. 실제 스타킹과 하이힐도 원래는 남자가 신던 거예요. 그것도……, 전투용으로요. 🐻

남성용 스타킹은 4세기에 발명되는데 온몸을 감싸는 중세 기사 갑옷이 등장하면서 철갑에 의해 피부가 손상되는 것을 막기 위해 긴 양말로 다리를 보호한 데서 출발한 거지요. 지금 흔히 보는 나일론 스타킹은 1938년에 나온 거니 그거랑은 달라요.

하이힐 역시 원래는 남성들이 신던 신발이에요. 오랫동안 고대 그리스 연극 무대에서 배우를 돋보이게 하기 위해 통굽 구두를 신긴 것이 시초라고 여겨졌지만, 3400년 전 그려진 이집트 벽화에서 귀족들이 하이힐을 신은 그림이 발견되면서 이집트에서 유래한 것이 알려졌지요. 이후 그리스가 당시 최고 선진국이던 이집트 문화를 받아들이면서 하이힐도 유행하게 되었고, 뒤이어 로마제국을 거쳐 유럽에 널리 퍼지게 됩니다.

다만 이집트에서는 남녀 모두 하이힐을 신은 반면, 그리스와 로

(승마용 구두,
키높이용은
아니라능!)

마에서는 귀족 남성들만 신었습니다. 그런데 하이힐은 중세시대에 이르러, 말을 탈 때 안장 아래에 거는 발 받침대인 '등자'에 안정적으로 발을 걸기에는 뒷굽이 뾰족한 신발이 낫다는 것을 깨달으면서 전투용 신발로 발전합니다. 🐻

등자는 BC800년대 아시아 북방 유목민이 창조해낸 물건이지만, 오랑캐의 것이란 이유로 중국에서 등한시되다가 뒤늦게 AD 2세기 위·촉·오 삼국시대 때 받아들여졌다고 하네요. 우리나라 역시 삼국시대 중기 이후 널리 쓰였다고 합니다. 반면 서양에서는 더 늦은 AD 8세기에야 널리 사용되지만 여전히 귀족 남성과 기사들의 전유물이었다지요.

그러던 하이힐을 여성도 신게 된 계기가 중세 시절 화장실과 하수 시설이 제대로 되어 있지 않아 길거리에 버린 오물을 피하기 위해서였다고 알려져 있지만 이건 가리지날.

중세 시절에는 나무로 만든 나막신을 신었다고 해요.

실제로 여성들에게 하이힐을 유행시킨 장본인은, 1533년 프랑스 왕 앙리 2세와 결혼한 피렌체 메디치 가문의 '카트린 드 메디시스' 때문이라고 합니다. 그녀가 결혼식 때 작은 키를 커 보이게 하고자 신은 하이힐이 주목받은 것이 시초라는데, 당시 그녀의 나이가 14세 소녀였음을 감안해야 해요. 그녀에 대해서는 2부 '식탁의 철학'에서 자세히 알려 드릴게요. 🐻

하지만 당시 하이힐은 가격이 비싸 여전히 상류층 남녀만 착용했답니다. 그러다가 평민 여성들까지 하이힐을 즐겨 신게 된 것은, 1870년대 빅토리아 여왕 시절 영국이 경제적으로 부유해지면서부터였고 이제는 여성 신발로 완전히 정착되었어요.

이처럼 여성 의류 중엔 전투 복장에서 유래한 게 꽤 많답니다. 근대에 들어서도 일본이 영국 해군 세일러복을 참조해 여학생 교복으로 만든 건 이미 잘 알려진 사실이지요.

그 외에도 잘록한 허리선을 강조하기 위해 입었던 코르셋도 원래는 역삼각형의 멋진 몸매를 자랑하려던 남성들이 입던 것이 이후 여성 속옷으로만 남게 된 것입니다. 그런 역사를 가진 코르셋이, 이후 여성을 억압하는 상징으로 각인되기에 이르니 이 또한 얄궂은 운명이랄 수 있겠네요. 🐻

바지와 치마

따지고 보면 남자가 바지를 입고 여자는 치마를 입어야 한다는 풍습도 '가리지날'입니다.

기원전에는 북반구 기준으로 따뜻한 남쪽 지역은 남녀불문 치마를 입었고 추운 북방 유목민족은 바지를 주로 입다가 서로 문명이 교류하면서 자연스레 남녀 복장의 차이가 발생했던 겁니다.

우리가 잘 아는 고대 그리스, 로마시대엔 남성도 짧은 원피스 치마 위에 긴 천인 '토가'를 둘렀고, 중동의 페르시아제국 전사들도 긴

(로마 군인. 어이쿠 추워로마) (우리는 바지 입는 갈리아, 야만족이리아~!)

원피스 차림이었습니다. 지금도 열대지방의 각종 민속의상에는 남성도 치마를 입는 경우가 종종 보이지요.

당시 바지는 북방 갈리아족, 게르만족이나 입는 오랑캐 옷이었기에 로마제국군은 추운 라인 강 변방 기지에서도 스커트 차림으로 덜덜 떨며 경비를 서야 했고, 겨울에는 전투를 벌이지 않고 휴전하는 것이 당연했다고 하죠.

중국도 춘추시대까지 군인들은 긴 스커트 차림에 마차를 끌고 전투를 치렀는데, 극적인 반전을 만든 건 전국시대 조(趙)나라 무령왕(BC340~295)이에요. 북방 유목민족처럼 말 1마리당 한 명씩 기병이 올라 싸우는 것이 유용하다는 사실을 깨닫고, 바지를 입고 말을 타는 기병을 조직하라고 명령하자 당시 신하들 모

(조나라 무령왕, 바지를 입고 말 위에서 활을 쏘다)

두가 세상이 비웃을 것이라며 반대했다지요. 하지만 조나라 무령왕은 직접 오랑캐 복장인 바지를 입고 허리띠를 졸라 매며 솔선수범했다고 합니다.

타 6국 : "울리 살람. 조나라랑 같이 못살겠다 해. 왜 오랑캐 옷을 입나. 쪽팔리잖차이나~."
조나라 : "시꺼. 울리 군대 말 편하게 탈려고 바지 입는데 왜 난리들이조?"

오랑캐 전투복을 채용한 이 사건이 당시 중원에 얼마나 충격적이었는지, 사마천은 그때까지의 중국 역사를 서술한 《사기(史記)》에서 이 장면을 설명하기 위해 무려 1000자가 넘는 긴 분량으로 조나라 군대의 바지 착용(호복기사, 胡服騎射)의 진행경과를 구구절절하게 적어놓습니다. 웬만한 큰 전쟁 설명도 100자를 안 넘기는 책인데 말이죠. 🐻

아, 우리 민족은 어땠느냐고요?

북쪽에서 한반도로 내려온 우리 민족의 주류는 원래 남녀 모두 바지를 입었어요. 그러다 중국 문명과 접하며 여성은 치마를 입게 되지만 여전히 속에 바지를 입은 채 겉에 치마를 두른 게 지금까지 한복 패션

(고구려 무용총 벽화)

으로 내려오는 겁니다.

그 과도기는 고구려 벽화 '무용도'에 잘 나타나 있지요. 바지 입은 여성과 치마 입은 여성이 섞여 있어요. 이처럼 동양권에서는 북방 민족과 중국 간 충돌을 통해, 유럽에선 게르만족의 로마제국 침탈 이후, '야외 활동이 많은 남자는 바지, 집안 일이 많은 여자는 치마'라는 공통적인 규범이 나타나게 됩니다.

그 후로는 중세 유럽에선 여성이 바지를 입는 것은 엄청난 중죄였다고 합니다. 영국과 프랑스 간에 벌어진 100년 전쟁 당시, 프랑스를 구하고자 일어난 구국의 처녀, 잔다르크(Jeanne d'Arc)가 사로잡혀 영국군에 넘겨진 뒤 종교재판을 통해 마녀로 몰려 화형을 당할 때 그 근거가 바로……, '바지를 입었으니 마녀'였다고 합니다. 🐻

(잔다르크 화형 장면. 아뇨, 그럼 갑옷 입고 말 타고 싸우는데 치마 입나?)

하지만, 유럽의 왕족, 귀족 남성들은 여전히 스커트에 스타킹 패션을 선호했지요. 앞서 단추 이야기에 나온 영국 헨리8세를 비롯해 프랑스 루이14세, 스페인 조지프 왕 등 유럽 유명인의 초상화에서 화려한 스커트와 스타킹, 하이힐을 확인할 수 있어요.

실제로 태양왕 루이14세는 아름다운

각선미로도 유명해 본인도 널리 자랑하고자 다양한 비단 스타킹과
수천 개의 하이힐을 보유했다네요.

신하 : "여봐라. 태양왕 행차시니라. 모두 고개를 숙여랑스~"
루이14세 : "에헴, 한 땀 한 땀 새로 맞춘 내 핫레드 스타킹이 어떠하
냐부르봉?"
백성 : "오. 다리가 몹시 황송하나이다.
루이 전하~."

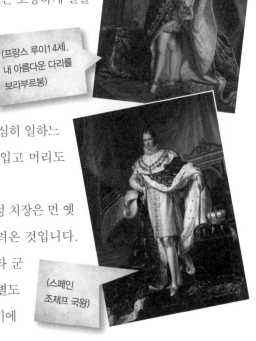

(프랑스 루이14세.
내 아름다운 다리를
보라부르봉)

이들 왕족과 귀족들은 고상하게 말을
타고 사냥을 다
녔기에 스타킹,
하이힐 패션을 즐
기고 장발을 유지
한 반면, 평민들은 열심히 일하느
라 노동복인 바지를 입고 머리도
짧게 자른 거지요. 🐻

실제로 이 같은 남성 치장은 먼 옛
날부터 특권처럼 내려온 것입니다.
고대 그리스 스파르타 군
사들도 전쟁 이외엔 별도
의 노동을 하지 않았기에

(스페인
조제프 국왕)

치렁치렁한 장발 머리를 예쁘게 가꾸는 특권을 갖고 있었어요.

그래서, 우리가 영화 '300'에서 보는 짧은 머리에 빤쮸와 망토만 두른 스파르타 군인은 '가리지날'이 되겠습니다. 실제론 어깨까지 내려오는 긴 장발을 여러 갈래로 땋고 눈과 입만 나오는 투구를 쓰고, 등과 배에는 철갑을 대고, 무릎 아래 보호대를 차고 전투에 임했다고 하니 페르시아 군대 복장과 큰 차이가 없었을 겁니다.

굳이 차이를 들자면 스파르타는 미니스커트, 페르시아는 롱스커트 정도?

페르시아 2차 전쟁 당시 테르모필레 고개에서 20만 명과 맞장 떠 2만 명을 해치우고 299명이 전사한 이들 스파르타 300명 결사대는, 출발 당시부터 전원 전사를 각오하고 아들이 있는 전사들만 가려 뽑았다고 하죠. 본인은 죽더라도 가문은 이어가야 하니까요. 🐻

(이게 오리지날 스파르타 전사 복장)

크세르크세스 황제가 이끈 페르시아 20만 대군과 맞붙기 전날, "관대히 봐줄 터이니 무기를 버리고 항복하라."는 최후통첩을 받자 레오니다스 왕이 "와서 (무기를) 가져가라."는 답변을 한 뒤 사신이 보는 앞에서 머리를 풀어 예쁘게 땋아 사신을 겁주었다고 합니다.

레오니다스 왕 : "얘들아, 이제 전투 시작이다. 머리나 다듬자. 참빗
남은 거 있니스파르타?"
페르시아 사신 : "헉, 뭐야. 얘네들. 진짜 사이코 아냐? 아우 겁나르시
아~."

실제로 역사 기록상 신하들에게 늘 의견을 물어 전제 군주로선
보기 드물게 민주적 통치를 하기로 유명했던 크세르크세스 황제
도 그 소식을 듣고 움찔했다고 하죠. 영화 '300'에서 "나는 관대하다
~."라고 말하는 게 구라 같아 보이지만 역
사적 진실입니다.

이야기가 옆으로 샜군요. 🐻

중세시대 엄격한 규율이 르네상스
와 산업혁명으로 무너지고 인권이 대
두되면서 근세에 들어 유럽에선 여성
권익을 위한 다양한 운동이 전개되면
서 투표권 획득과 함께 바지를 입게
해달라는 요구가 이어집니다.

실제로 1789년 프랑스 대혁명 당
시, 파리의 신여성들은 바지 입을 권
리를 요구하는 '상 - 퀼로트(Sans -

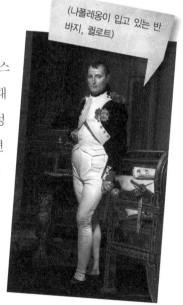

(나폴레옹이 입고 있는 반
바지, 퀼로트)

(상-퀼로트. 혁명 3종 세트
– 긴바지, 혁명모자, 긴 총)

culottes) 운동'을 전개하면서 귀족 반대세력으로 부상한 것이 기록으로 남아 있습니다.

퀼로트(culottes)는 귀족이 즐겨 입던 주름 반바지인데, (요새는 이 옷도 여성복이에요.) 노동 계층은 주름 없는 긴바지를 입으면서 자조적으로 "우리 바지는 상 – 퀼로트(Sans – culottes), 즉 퀼로트가 아니다."라고 한데서 유래한 거죠.

하지만 프랑스혁명 후, 나폴레옹의 시대를 지나 다시 왕정복고가 되어, 1800년 '여성이 바지를 입으려면 경찰의 허가를 받으라.'는 바지 착용 금지 조례가 발표되면서 여성의 바지 착용 시도는 후퇴하게 됩니다. 이 조례는 이후 잊혀졌다가 뒤늦게 발견되어 2013년에야 공식 폐지됩니다. 🐻

이후 19세기 말, 20세기 초 서구에서부터 여성의 투표권 획득 등 권리 신장과 더불어 프랑스의 경우 1892년, 말 탈 때 바지 허용에 이어 1909년 자전거 탈 때 바지 착용을 허용하는 등 서서히 완화되면서 이제는 서구 문명권에서는 여성의 바지 착용이 보편화된 상황입니다.

하지만 여전히 영국에선 1970년에야 궁전 출입 시 여성 바지 착용을 허용하고 1995년 법정에서 여성 변호사의 바지 착용을 허용했고, 자유분방한 나라일 것 같은 미국에서도 1973년에서야 백악관 근무 여직원이 바지를 입을 수 있게 허락하는 등, 생각 외로 여성의 바지 착용에 대한 서구 문화권의 보수적 마인드는 오랫동안 존재해 왔습니다. 또한 여전히 일부 이슬람 국가에서는 외출 시 바지 착용을 금지하고 있는 경우도 엄연히 존재하고 있습니다.

우리나라 역시 일반 사회에선 여성의 바지 착용이 아무 제약이 없지만 오랫동안 학교에서는 여학생은 치마 교복만 입는 규정을 채택한 경우가 많았지요. 그래서 2003년 여성가족부는 바지도 입을 수 있도록 교칙 개정을 권고한 바 있고 언론에서도 여학생의 바지 입을 권리에 주목했지요.

그런데……, 남녀평등 원칙에 따라 여자가 바지 입는 것이 허용되는 세상에서 남자도 치마를 입을 수 있어야 평등한 것 아니냐는 움직임도 서서히 등장하고 있습니다. 우리나라도 남자가 치마를 입고 돌아다니면 미풍양속 저해죄로 붙잡혀 가기도 했고, 지금도 방송 등에선 외계인 취급을 당하기도 하지요.

(프랑스 낭트 시내버스 기사의 치마 시위)
(출처_Presse Ocean)

하지만 서구에선 패션 디자이너들에 의해 남성용 치마 패션이 등장하고 있으며, 해외에선 종종 반바지를 못 입게 하자 원피스를 입고 출근한 영국 샐러리맨 이야기, 한여름 반바지 착용을 못하게 하자 프랑스 낭트 시내버스 기사들이 벌인 치마 시위, 여름철 무더위를 피하기 위해 단체로 치마를 입고 등교한 영국 초등생 이야기가 뉴스가 되고 있습니다. 뭐 원래 로마의 속주이던 시대엔 치마를 입었던 유구한 전통도 있고 말이죠.

여전히 여성에게 불리한 세상이지만, 그동안 여성 시각에서 주로 다루던 양성평등 문제에서 이제는 남성 관점에서 군가산점 적용과 더불어 남성의 치마 착용 허용 여부가 양성평등 권리에 접근하는 또 하나의 시각이 되고 있습니다.

앞서 설명한 여러 옷의 유래에서 보듯 당시엔 다수가 이상하게 여기지 않았지만 현재 기준에는 문제가 되거나, 현재는 아무 문제가 없지만 당시엔 사형에 처해질 정도로 중죄가 된 사례는 많습니다.

결국 시대적 상황에 따라 가치가 변해가는 것이고, 남녀 복장에 대한 인식 역시 이 같은 시대와 가치의 흐름에 따라 계속 변해갈 겁니다. 아마도 100년쯤 뒤 후손들이 "인간이 달나라에 처음 가던 시절에도 남자는 치마 입으면 잡혀갔었대. 개인이 옷 입는 거 가지고 처벌을 하다니……. 웃기는 시대였어."라고 할지도요. 🐻

04
만들어진 민족의상

앞서 남녀 의상의 유래에 대해 알아보았는데, 남성복에서 여성복으로 바뀐 경우처럼 우리가 그 민족의 고유 의상이라고 알고 있던 것 중에도 실제는 최근 만들어진 전통인 경우도 있답니다.

으응? 그 민족 고유의 전통 의상인데……, 그게 창조가 가능할 수 있다고요?

스코틀랜드 전통 의상, 킬트의 유래

네, 그렇습니다. 그중 유명한 사례가 바로 스코틀랜드 민속의상인 남성용 치마, 킬트(scotch kilt)이지요. 킬트가 스코틀랜드의 전통 의

(스코틀랜드 민속의상,
킬트 치마)

상이란 인식 자체가 '가리지날'입니다.

체크무늬 치마를 입고 파이프오르간을 든 스코틀랜드 병사 사진을 보신 경우가 많을 텐데요.

킬트는 양모로 만들고 거위 지방으로 코팅한 스커트로 배꼽 위에서 무릎까지 내려오는 길이로 옆면과 뒷면에는 원단이 주름 잡혀 있습니다.

타탄(tartan)이라 불리는 반복적인 격자무늬로 이루어진 킬트 장식은, 가문의 특징을 나타내는 것이어서 유명 가문 출신인 스코틀랜드인들은 고유 무늬 킬트를 입어 자신의 정체성을 드러낸다고 하네요. 지금도 스코틀랜드에선 명절이나 결혼식, 졸업식 때면 민속의상으로 다들 입고 다니며, 평상시에도 종종 이 옷을 입고 다니는 남성들을 볼 수 있다고 합니다.

그런데 정작 이 킬트란 의상의 역사는 사실 그리 길지 않습니다.

🐻

예전 스코틀랜드인들은 로마제국 시절 입던 토가의 전통이 남아 있어 짧은 원피스 위에 커다란 무늬 있는 천을 한 쪽 어깨에 메고 발 아래까지 늘어뜨린 후 허리에 벨트를 차고 다녔다고 합니다. 차이가 있다면 고대 로마인은 하얀 천을 선호한 반면 스코틀랜드 인들은 컬러풀한 천을 선호했다고나 할까요?

이들 스코틀랜드인들이 오랜 기간 로마시대 의상을 유지한 데에는 나름 이유가 있습니다. 로마가 브리타니아(지금의 영국) 섬을 정복할 당시 그 땅에 살던 원주민이 켈트족이었는데요. 이들은 로마의 지배를 받으며 그들 고유의 풍속을 버리고 종교에서부터 언어, 복장에 이르기까지 로마화되어 갑니다. 그러다가 로마 군이 철군하고 난 뒤 대륙에서 침략한 앵글로-색슨족에게 쫓겨 일부는 스코틀랜드, 나머지는 웨일스 등 험준한 산악지대로 도망을 갔어요. 이들은 오랫동안 잉글랜드 지역을 장악한 앵글로-색슨족, 이후 새로 침공한 노르만족과 끊임없는 갈등을 일으켜 왔어요. 이에 고유의 문화를 지키고자 바지 입는 침략자에 대항해 로마시대 복장을 유지해온 것이죠.

그러던 중 16세기 누군가가 활동이 불편한 이 복장을 개선하고자 위아래 붙은 짧은 원피스 의상을 상의와 치마로 분리하고 위에 두른 긴 천을 간소화해 오늘날의 킬트와 비슷한 옷을 만들어 입기 시작했다네요. 하지만 이는 스코틀랜드 내에서도 험준한 산악지대인 북부 하이랜드 깡촌에서나 유행했다고 합니다. 그러다가 1707년 스코틀랜드가 잉글랜드에 영구히 합병된 후 1720년 잉글랜드에서 이주한 토마스 로린슨(Thomas Rowlinson) 사장이 자기 공장 노동자들에게 불편한 기존 복장 대신 이 옷을 근로복으로 입히면서 널리 알려지게 되었다네요. (어머! 사장님. 복리후생 정책이 특이하나이다~ 🐻)

그러나 많은 스코틀랜드인들은 킬트를 영 마뜩찮아 해서 입지 않았다네요. 그러다가 1745년 스코틀랜드인들이 반란을 일으키자 영국 의회가 스코틀랜드인들이 잉글랜드인들과 다르다는 의식을 가지지 못하게 하겠다는 생각에 그만……. 킬트 착용을 금지시키고 바지만 착용토록 강제합니다. 또한 백파이프 소지도 금지했다네요.

아아~~. 마치 일제 강점기 우리말과 글을 금지당한 것 마냥 특정 의상을 못 입게 하자 갑자기 이 킬트가 스코틀랜드인들의 자존심으로 받아들여지게 되면서 그 위상이 수직 상승합니다.

이후 30년 만에 킬트 착용금지 조치가 중단되었는데요. 그 이유가 킬트의 특이한 격자무늬가 정작 잉글랜드 본토에서 유행하기 시작했고 더 이상 잉글랜드인과 스코틀랜드인을 구분할 도리가 없어졌기 때문이라나요??? 🐻

아마 그래서 버버리 등 격자무늬 옷이 지금도 영국 패션의 큰 흐름이 되나 봅니다.

이처럼 30년 만에 킬트 착용이 허용되자 스코틀랜드 남성들은 갑갑한 바지 대신 킬트를 입고서는 가랑이 사이로 불어오는 싱그런~ 바람을 맞는 그 자유로움을 만끽하며 아주 잔망스런 춤을 추니……. 샨 트루스(Seann Triubhas)란 이 춤 역시 스코틀랜드의 고유 풍속으로 고이 전승됩니다. 🐻

이처럼 잉글랜드와 살기등등한 분위기 속에서 1822년 영국 왕이 스코틀랜드를 방문하게 되자 성대한 환영행사를 준비하던 주요 부족장들이 우리는 잉글랜드와 다르다는 점을 부각하자며 킬트 복장으로 드레스코드를 통일키로 했답니다.

그런데 어떤 무늬를 기준으로 할지 논의하다가 다들 의견이 엇갈리면서 "원래 우리 가문은 예전부터 이런 무늬 옷을 입었다스카치!"

(킬트 입고
춤을~, 샨 트루스)

를 외치며 각자 특징적인 무늬로 장식한 킬트를 입고 나타납니다.

잉글랜드인 : "어이쿠! 망측스럽게 남자들이 치마를 입고글랜드. 이
장면 안 본 눈 산다글랜드!"

스코틀랜드인 : "짜샤~. 이게 바로 고상한 로마제국의 후손이란 증
거스카치! 너네는 조상이 바지만 입던 앵글로-색슨 야만족이지 않니
스코틀랜드?"

잉글랜드인 : "그래. 너네 발목 굵달랜드!"

이후 스코틀랜드 부대원들은 제2차 세계대전에도 그 불편한 킬트
복장을 하고 전투에 참여했다는데, 이들에게는 '지옥의 숙녀(Ladies
from Hell)'란 별명이 생겼다고 합니다. 🐻

지금도 잉글랜드와의 갈등은 여전한데 1998년 스코틀랜드 자치 국회가 설립되어 지방자치제를 시행 중이며 일부에서는 여전히 잉글랜드로부터의 독립을 요구하고 있어요.

　2012년 런던 올림픽 당시 영국 올림픽위원회는 4개로 쪼개진 축구협회를 불러 "간만에 우리나라에서 올림픽이 열리는데 단일 영국팀으로 나가 금메달을 획득하는 게 모양새가 좋지 않겠냐?"고 설득합니다. 하지만 스코틀랜드와 북아일랜드는 "단일팀? 우리는 즐!" 하고 거부하는 바람에 잉글랜드-웨일즈 두 협회가 주축이 된 '무늬만 영국팀'이 출전합니다. 하지만 우리나라 축구대표팀과 붙은 8강전에서 심판이 2차례나 패널티킥을 주는 노골적인 편파판정을 했는데도 결국 연장전 후 승부차기로 패했지요. 우승을 노렸으나 8강에서 탈락! 🐻 그 경기를 지켜보던 스코틀랜드인들은 당시 스코틀랜드 리그 셀틱FC팀 소속이던 기성용 선수의 마지막 승부차기 킥 끝에 '잉글랜드-웨일즈 연합팀'이 패하자 자기네가 승리한 것 마냥 크게 기뻐했다고 합니다. 얼씨구~ 🐻

　한때 전 세계에 걸쳐 대제국을 건설했던 영국인데 정작 국내 사정은 참 복잡하지요?

　이처럼 스코틀랜드인들은 비록 현재는 잉글랜드에 밀리지만 너네들보다는 우리가 더 문명화된 조상을 가졌다는 자부심을 의상으로 표출하고 있답니다. 🐻

터키모자, 페스의 유래

이 같은 사례는 터키모자, '페스(fez)'도 있습니다.

차양 없는 원통형 붉은 모자의 꼭대기 중간에 검은 술을 늘어뜨린 터키모자가 원래 터키민족의 고유 모자인 줄 알지만, 이건 '가리지날'. 터키모자는 원래 북아프리카 서부 모로코에서 만들어진 모자입니다. 터키와는 겁나 먼 지역에서 만들어진 모자가 왜 터키모자가 되었을까요?

(터키모자, 페스)

사연은 이렇습니다. 머나먼 옛날 중앙아시아 유목민이던 돌궐족이 중국에 밀려 서쪽으로 이동하면서 중동 지역으로 옮겨 옵니다.

이들 투르크인들은 중동에 정착한 후 이슬람교를 믿게 되고 아랍식 복장을 하고 머리 위에 커다란 터번을 쓰게 되지요.

이들이 처음 세운 제국이 셀주크투르크였는데 이후 다시금 부흥해 오스만투르크제국을 건설해 동로마제국을 무너뜨리고 발칸반

(오스만투르크제국 쉴레이만 1세 초상화)

도부터 소아시아, 북아프리카에 이르는 지역을 아우르는 대제국으로 발전합니다. 다만 무시무시한 전투력으로 지중해 주변

지역을 휩쓸던 이들 투르크 군대에게도 고민거리가 하나 있었으니 바로 거추장스런 터번 모자였다지요. 게다가 터번에 각종 장식을 달면서 사치품이 되어 가는 것도 사회문제였다고 하네요.

그래서 개선안을 찾다가 투르크제국의 지배하에 있던 북아프리카의 끝, 모로코인들이 만든 페스 모자를 주목하게 됩니다. 실제로 페스는 모로코의 주요 도시 중 하나로 중세시대 모로코왕국의 수도였다지요. 실은 모로코인들은 그 모자를 '타르부쉬(Tarbouch)'라 부른다는데, 터키인들은 유명한 모로코의 도시, 페스에서 이 모자가 유행하기 시작했기에 아예 모자 이름을 페스라고 한 겁니다.

이에 1826년 30번째 술탄 마흐무트2세가 터번처럼 머리를 가림으로써 종교적 율법에도 맞고, 거추장스럽지 않으면서 쉽게 쓰고 벗을 수 있는 페스를 군대와 관료는 물론 전 제국민이 쓰도록 명령하면서 터키의 국민모자가 됩니다. 여전히 투르크제국에 공포심을 느끼던 유럽인들의 삽화에 터키인을 상징하는 중요 도구로써 묘사되면서 터키인의 전형적인 모습으로 깊게 각인됩니다.

(몸소 페스를 쓴 마흐무트2세)

그런데 모자를 통한 신분 과시와 낭비를 막기 위해 시행한 페스 역시 시간이 지나면서 더 높게, 술은 더 고급지고 풍성하게 꾸며 과

시하는 경향은 여전했다고 하네요. 🐻

그래서 오스만제국이 망한 후 완전히 사라질 운명이 처했던 나라를 겨우겨우 터키공화국으로 재건한 무스타파 케말 아타튀르크 (Mustafa Kemal Atatürk)는, 1925년에 페스도 과거의 유물이라며 착용을 금지했으니 거의 100년 동안만 터키인의 공식 모자가 된 셈이지요.

지금은 터키 유명 관광지의 시장이나 골동품가게 등에서 그 흔적을 찾을 수 있는 반면, 여전히 모로코, 튀니지 등에서는 이 모자를 쓰는 경우가 많다고 합니다. 그러니 괜히 그 지역에 여행가서 '터키 모자'라고 하시면 안 돼요. 화낸답니다. 원조 앞에서 짝퉁 이름을 이야기하는 거니까요. 🐻

바이킹 뿔 달린 투구의 유래

우리가 흔히 '바이킹' 하면 떠올리는 뿔 달린 투구 역시 '가리지날'이에요.

유명한 작곡가 바그너의 발명품이라지요? 1876년 대형 오페라 〈니벨룽겐의 반지〉를 초연할 당시, 바이킹의 야만성을 돋보이게 하기 위해 처음으로 뿔 달린 투구를 선보였다고 해요.

바이킹이 실제 뾰족한 투구를 쓰긴 했다지만 옆으로 그런 장식을 단 유물은 없다고 합니다.

"우리 이미지가 이상하게 만들어졌네."

생각해보면 전투에 아무 쓸모없고 괜히 옆 사람 얼굴이나 찔러댈 뿔을 두 개나 투구에 공들여 붙일 이유가 없긴 하지요.

그런데 그 오페라에 등장한 뿔 달린 투구가 워낙 인상적이어서 이후 만화나 영화 등에서 바이킹을 묘사할 때마다 죄다 그 모습으로 그리다 보니 이제는 스칸디나비아의 바이킹 후예들도 아주 자연스럽게 축제 때 뿔 달린 투구를 쓰고 나오는 거랍니다. 🐻

그리고 흔히 바이킹 하면 덥수룩한 수염을 기른 야만인으로 묘사되는데, 실제로는 수염을 깨끗이 밀었다고 합니다. 전투 중 적에게 수염을 잡히지 않기 위해서라고 하지요. 아무리 야만족이라 하더라도 전투의 효율성을 모르진 않았다는 것이지요.

중국, 전통 의상 되살리기

이와는 별개로 기존의 민속의상 대신 다른 의상을 드높이려고 하는 경우도 있습니다.

중국이 그런 경우인데요. 중국 여성 민속의상으로 치파오가 유명하고 공식 행사 등에서 지금도 자주 선보이지만, 실은 이 옷이 명나라를 멸망시키고 300년간 지배한 만주족 전통 의상이라……

(그림으로 표현한 동양 3국 여성 전통 의상, 왼쪽부터 한복, 고려양 한푸, 기모노) (출처_구글 이미지)

최근 중국인들은 과거의 중국 전통 의상 '한푸'를 다시금 부각시키려고 노력하고 있대요.

이 한푸는 시기에 따라 형태가 달라져 왔지만 기본적으로는 원피스 형태인데, 잠시 원나라 말 명나라 초에 '고려양 한푸(高麗樣 汉服)'라 하여 우리나라식 투피스가 유행한 적도 있다고 합니다. 주로 우리나라가 중국 영향을 많이 받았지만, 잠시나마 원나라 시기 기황후가 원 황제의 부인이 될 정도로 고려 풍속도 원제국에서 유행하면서 우리 복식이 중국에 영향을 주었던 것이지요.

지금까지 옷과 관련된 여러 뜻밖의 상식을 알려드렸는데요. 옷이 단순히 추위만 막는 수단이 아닌, 역사 속에서 민족, 계층을 나타내는 중요한 문화 아이콘이었음을 아시겠지요? 와이셔츠 이야기에서 시작한 옷과 관련된 가리지날 이야기는 이쯤에서 마치고, 지금부터는 음식 분야에서의 가리지날 이야기를 이어갈게요.

일상생활 속 가리지날 두 번째 주제는 의식주 중 '식생활'입니다.

과거 생존을 위한 수단이던 식생활은 이제는 개개인의 취향뿐 아니라 건강과 결부되어 있어 일상생활 속 중요한 요소가 되었지요.

하지만 오랫동안 식생활은 해당 국가나 민족 차원에서 한정된 농수산물로 만들고 식사에 대한 철학이 달랐기에 각 민족과 문화간 차이를 설명할 수 있는 핵심 요소였습니다.

지금부터는 우리가 미처 몰랐던 음식 문화에 대한 가리지날 이야기를 해보고자 합니다.

2부

식생활

01
식사의 철학

이제 먹을거리 이야기를 할까 합니다.

최근 의식주 중 가장 돋보이는 트렌드는 단연 '음식'이죠.

오랫동안 '음식'은 '옷'이나 '주택'에 비해서는 그다지 TV 예능 프로그램의 주목을 받진 못했습니다.

의상은 섬유산업, 패션산업과 맞물려 꾸준히 관심을 끌고 있고요. 주택 영역도 1990년대 중반 예능 프로그램에서 '러브하우스'나 '책책책 책을 읽읍시다 – 도서관 건립' 등이 크게 화제가 되었습니다. 하지만 오랫동안 음식 영역은 아침 방송에서 나이 지긋하신 요리전문가가 음식을 만드는 과정을 보여주던 것이 전부였다가, 최근 들어 TV 채널마다 잘생긴 셰프가 등장하는 프로그램이 막 쏟아지면서 관심을 받기 시작해 이제는 그냥 밥 해먹는 것조차 예능 프로

가 되고 단순히 밥만 먹는 방송을 내보내는 먹방BJ가 스타가 되는 세상이 되었습니다. 🐻

이에 대해 사회학자들은 먹고 살기도 힘들어진 세태의 반영이니, 과거 어머니의 집밥을 그리워하는 심리의 반영이니 하는 분석을 내놓긴 하는데요, 일부에선 일본 TV 프로그램 트렌드를 따라한 것이라고 비난하기도 하죠.

그런데, 식사 문화에도 각 국가나 민족별 역사와 철학이 담겨져 있다는 사실은 쉽게 놓치게 됩니다.

중식의 철학

중국인들은 우리나라에 여행 와서는 한국 음식에 탕, 찌개류 요리가 많고 반찬이 다양한 데 놀란다네요. 대신 밥이 너무 떡처럼 달라붙어서 싫다고 한답니다. 한국, 일본 이외 지역에선 바람에 날리는 안남미가 주류이다 보니 서양인들도 떡볶이, 떡 등 달라붙는 식감을 낯설어해 대체로 싫어하는 거죠.

세계 3대 요리 중 하나가 중국요리라고 하고, 실제로도 각종 기상천외한 식재료로 만든 요리가 무궁무진한 중국인데 왜 한식 스타일 음식은 별로 없을까요?

이는 중국 식사 철학이 우리와 다르기 때문입니다. 중국요리는 먹는 이가 젓가락으로 집기만 하면 쉽게 먹을 수 있도록 편리함에

"울리 사람, 뭐든지 쪼개고 튀긴다해~. 손님은 젓가락만으로 다 드신다해~."

중점을 두었기 때문에, 재료를 쪼개어 요리하는 방식으로 발전한 겁니다.

과거 중국 황제는 살이 부드러운 돼지고기를 먹기 위해 새끼 돼지가 태어나면 사람 젖을 먹여 키웠다고 하죠. 그래서 돼지에게 젖을 물리는 전문 유모가 있었다고 합니다. 🐷 또한 물에 석회 성분이 많아 재료를 끓이거나 튀기지 않을 수 없어 차 문화가 발달하고, 밥도 거의 볶음밥 위주예요.

즉, 이처럼 먹는 자의 편의성을 극대화하다 보니 꽃게탕처럼 손으로 직접 뜯어서 먹거나, 본인이 제조해가며 먹는 비빔밥, 삼겹살 같은 요리는 드문 겁니다.

이 외에 인도, 동남아, 아프리카 여러 음식 문화에서 도구 없이 손으로 먹는 것을 보면서 미개하다고 생각하지만, 실제 그들은 사람 손이 가장 깨끗하므로 식사 시 별도의 식기를 이용하지 않는다는 나름의 음식 철학이 존재한다는 건 잘 모르죠.

서양식의 철학

서양요리도 일정 제약이 있습니다. 에피타이저 스프나 일부 스튜를 제외하곤 국물이 있는 요리가 거의 없습니다. 서양식 메인요리 중에 국물이 있는 요리가 뭐가 있는지 생각해보세요. 아마 안 떠오를겁니다. 술 먹은 다음날 먹을 만한 해장국 같은 요리가 없다는 게 참……. 🐻

사실 서양식에도 나름의 철학이 내포되어 있습니다. 즉, 재료에 물을 더해 국물을 내서 먹는 것은 적은 재료를 가지고 양을 불려서 나눠 먹는 가난한 자들의 식사라는 생각을 하기 때문에 가급적 물기를 제외하고자 굽거나 졸이고 튀기는 겁니다. 그래서 요리만 먹으면 목이 메니 물, 와인 등 음료수가 음식 내 필수 요소로 자리 잡게 됩니다.

따라서 미국이나 유럽에 관광 갔는데 '식사 주문할 때 물도 돈 받더라.'며 놀라는 건 동양 식사에선 물은 식후에 마시는 보조 요소이지만 서양요리에선 음식과 함께 하는 필수 요소라는 차이를 모르기 때문에 빚어지는 오해이기도 합니다.

재미난 사실 하나는, 서양 정식요리에는 와인이 필수적으로 따라오는데, 엄격한 중세시대 교회에서 술을 마시지 말라면서도 꾸준히 와인을 마신 이유가 와인을 예수님이 마신 음료수라 여겼지 그것이 술이라고는 생각을 못했기 때문이었다고 하죠. 그래서 왜 와인을 먹으면 취하는지 그 이유를 모르다가 18세기 들어 화학이 발달하면서 그제야 와인에도 알코올이 들어있다는 사실을 알았다고 합니다. 🐻

하지만 이 같은 굽고 졸이고 튀기는 서양요리 전통은 사실 '가리지날'입니다. 16세기 이전에는 유럽에서도 각종 국물요리가 많았어요. 벽난로 위에 큰 솥을 걸고 스튜를 만들어, 우리 한식처럼 온 가족이 둘러앉아 빵 등 각종 요리와 함께 한상 차려서 먹었다고 합니다.

하지만 이 같은 식생활 문화를 노 국물, 코스요리로 단번에 뒤집은 한 여인이 있었습니다. 세계사 시간에도 나오는, 프랑스 종교 분쟁 당시 활약한 유명한 철의 여인, '카트린 드 메디시스(카테리나 데 메디치, Catherine de Médicis)'가 서양 정식 코스요리의 전파자가 됩니다.

그녀의 일생은 파란만장하죠. 이탈리아 최고 귀족 가문에서 태어나 프랑스 왕실로 시집갔더니만 남편 앙리2세는 연상녀와 바람피느라 10년간 거들떠도 안 봐, (이때 상심한 그녀에게 희망의 예언을 해주며 후원금 왕창 뜯어낸 이가 그 유명한 노스트라다무스. 🐻) 궁중 여인네들은 외국 여인이라고 왕따 시켜, 아들 셋은 왕만 되면 연달아 죽어, 말년엔 남부지역 가톨릭-위그노 10년 종교 내전에 열 받아 깡그리 학살을 명령하는 등 악으로 깡으로 살아간 여인인데……

원래 그녀는 이탈리아 피렌체 메디치 가문 '로렌초 데 메디치'의 딸이었습니다. 다만 엄마는 프랑스 부르봉 왕가 출신이었어요. 예술인, 철학자들을 후원해 르네상스시대를 열게 한 명문 가문이자 당

"아휴~, 바람둥이 남편이 속을 썩여서 내가 애들 보는 낙으로 살았수."

시 유럽 최고의 부자이던 메디치 가문은 이 시대에 이르러서는 아예 피렌체와 피사 등을 장악해 이탈리아 북서부를 지배하는 '토스카나 대공국'의 세습 통치자가 되어 있었습니다.

이탈리아어 '메디치Medici'는 영어 '메디슨Medicine'과 어원이 같습니다. 메디치 가문의 시조가 약사 출신이라고 하죠. 어찌나 영향력이 셌던지, 현재도 이탈리아 표준어는 수도인 로마가 아닌 피렌체가 속한 토스카나 지방 언어입니다.

하지만 카트린이 태어난 직후 부모가 모두 사망해 친척들에 의해 키워졌는데, 삼촌이었던 교황 클레멘스7세(줄리오 데 메디치)가 주선해 1533년 프랑스 앙리 왕자와 결혼하게 됩니다. 6년 전인 1527년, 교황 클레멘스7세는 합스부르크제국을 견제하려고 대항 세력을 모아 코냑동맹을 결성했다가 신성로마제국 합스부르크 왕가에 속한 스페인 카를5세에게 로마가 함락 당해 도망 다닌 쓰라린 경험이 있어, 프랑스 세력을 끌어들여 합스부르크 왕가에 대항해야 하는 상황! 프랑스의 군사력과 유럽 최고 부자의 자본력이 합쳐지는 순간이었죠.(앞서 단추 이야기에서 프랑스와 오스트리아 간 경쟁 배경은 설명드렸어요.)

당시 그녀의 나이 만 14세. 프랑스 왕가 출신인 어머니의 고국으로 시집가는 것이지만, 당시로선 군사력만 강했지 영 촌뜨기이던 프랑스 왕실의 생활상을 미리 알아보기 위해 보낸 집사의 얘기를 듣고 경악을 하게 됩니다.

카트린 : "오, 집사 돌아왔나디치? 저 북쪽 촌동네 파리까지 가느라 고생이 많았렌체. 거기선 식사를 어찌 하더리아?"

집　사 : "맘마미아~ 말도 마십디치. 식탁 위에 통째로 돼지구이 올려놓고서 모두 칼과 꼬챙이 들고선 마구 짤라 먹더렌체…… 못 볼 광경이었으리아."

카트린 : "이런~ 촌뜨기들 같으니라고디치! 내가 저런 야만족에게 시집가야 하는 것이렌체? 삼촌~ 나 결혼 무르리아~ 프랑스 안 갈리아 못 갈리아~."

교황삼촌 : "오~ 카테리나! 아임 쏘 쏘리 벗 아이 러브 유 다 거짓말~. 정 그러면 내가 로마 정상급 요리사 왕창 딸려 보내겠다로마~. 니가 시집 안 가면 내가 스페인 놈들에게 맞아 죽게 생겼베드로~."

　　그래서 카트린의 결혼식 행렬에는 요리사, 주방 제작자, 식기 제작자 등 400여 명의 수행요원이 따라가서 프랑스 왕가에 정식 코스요리와 스푼, 포크를 선보이며 로마제국 이래 유럽 문화의 핵심이던 이탈리아 식사법을 알려주게 됩니다.

　　그런데, 정작 양식요리의 본가 이탈리아에선 이후에 중국에서 전파된 파스타, 아랍 세계에서 전파된 피자, 쌀로 만든 라자냐 등 동방에서 들어온 새로운 요리가 인기를 끈 게 함정이긴 하죠. 🐻

　　그 후 프랑스의 국력이 팽창하면서 프랑스 왕실 코스요리가 유럽 각국에 전파되면서 국물요리는 업신여기게 되어 동유럽이나 스페인 등에 일부 스튜요리만 남았을 정도로 서유럽 지역에선 국물요리는 사라지게 됩니다.

　이러다 보니 서양요리에선 국물이 없어 납작한 접시를 사용해 문제가 없지만, 동양요리에선 국물을 담는 둥그런 그릇이 많아 식기세척기를 사용해도 잘 씻기지 않은 탓에 가전 업체들이 매번 성능을 개량하고 있죠.

한식의 철학

여기까지 읽으시면서 "야. 역시 한식이 좋구나!"하고 생각하실 수 있지만, 실제 그것도 정답이 아닙니다. 음식 문화는 그 민족의 역사, 지리적 환경 등과 밀접한 관계가 있기에 어느 것이 더 우월하다고 할 수는 없습니다.

　최근 들어 우리나라에서 채소 위주의 건강식으로서 한식을 널리 알리려는 노력이 전개되고 있는데, 몇 가지 약점이 존재합니다. 양식이나 중식과 달리, 우리 한식이나 일식은 밥과 국이 기본으로 있고, 여기에 특정한 맛이 없는 밥 맛을 보충하기 위해 다양한 반찬을 놓는 형태로 구성하는 게 기본이죠. 음식 문화를 봐도 한 – 일 양국은 가까운 사이인데…….

　그래서 국물이 있는 요리가 발달해 국, 전골, 찌개 등 국물 양에 따라 부르는 명칭도 다양하고, 반찬의 경우도 늘 먹을 게 부족했던지라 장기 보관을 위해 발효나 갖은 양념으로 염장하는 다채로운 방

(이런 한식은 옛날 노비가 많은 양반네에서 일손이 많으니 할 수 있던 건데, 핵가족이 된 상황에서 주부 혼자 이렇게 집밥이나 제사상을 차려주길 원하는 건 남자들의 욕심이에옷!)

법이 동원되었습니다.

그러다 보니 발생하는 문제가 소금 과다 사용. 일단 반찬과 국 모두 소금이 투입되는데, 한식에선 밥 먹을 때 국에서 수분을 보충하다 보니 소금이 들어간 국물을 마시게 됩니다. 이러니 세계 권장량보다 2배 많은 소금을 먹게 되어 각종 성인병의 원인이 되죠. 게다가 라면 먹을 때 김치까지 얹어 먹으니, 나트륨 폭탄! 서양인들이 생야채 샐러드를 먹는 게, 우리처럼 나물 해먹는 요리 기술이 없어서 그렇다고 자랑스럽게 말하는 분도 계시던데……, 야채는 싱싱할 때 그냥 먹는 게 제일 나아요. 나물 속 소금 다 어쩔~. 🐻

요샌 또 미네랄이 많은 천일염이 몸에 좋네 어쩌네 하다가, 그게 일제시대 일본에서 유래한 방식이고 오히려 불순물이 많아 안 좋다는 논쟁까지 확산되고 있죠. 어쨌거나 소금은 줄이는 것이 최선입니다.

그 외에도 하루에 2리터, 최소 8잔 이상 물을 안 마시면 큰일 날 것처럼 얘기하는데, 한식은 국과 반찬 등을 통해 얻는 수분도 제법 되므로 굳이 그렇게까진 안 챙겨도 됩니다. 그거 다 국물요리 없는 양식 기준이라니까요. 신장 기능이 나쁜 분이면 오히려 지나친 수분 섭취는 위험할 수도 있어요!

게다가 주로 쌀농사만 짓다 보니 밀에 비해 단백질 함량이 낮고 목축이 성행하지 않아 육류 섭취도 적어 단백질이 부족하다는 약점도 존재하죠. 연세가 있으신 분은 1970년대까지 국민학교(지금의 초등학교)에 입학을 하면 1학년은 교복 이름표 아래에 흰 가제수건을 매달도록 했던 것을 기억하실 겁니다. 🐻 이게 당시 아이들이 콧물을 많이 흘려 닦으라고 한 규정인데, 예전 아이들이 그렇게 콧물을 많이 흘린 이유가 바로 단백질 섭취량이 부족했기 때문입니다.

그래서 쌀을 주식으로 하는 동아시아권에서는 단백질을 보충하기 위해 서양에선 거의 먹지 않는 소 곱창, 꼬리, 돼지 창자를 비롯해 각종 생선 등 단백질을 섭취할 수 있는 재료가 있으면 무엇이건 다양한 요리로 만들어 음식 종류가 다양해지는 배경이 되긴 했습니다.

이처럼 요리 문화는 그 나라, 민족이 처한 환경에 의해 만들어진 역사적 산물입니다. 그러니 보신탕에 대해 무조건 질색하기에 앞서 그 역사적 배경을 이해했으면 좋겠습니다.

실제 오랜 기간 개 요리는 우리나라뿐 아니라 중국, 만주, 베트남 등지에서도 다들 먹던 요리였지요. 당시 농사만 짓던 조상들이 가장 손쉽게 동물 단백질을 얻을 수 있는 존재가 개 말고 뭐가 있었겠습니까! 🐻

실제 프랑스인들조차 보불전쟁(1870~1871년) 당시 프로이센 군에 파리가 포위당하자 먹을 식량이 부족해 개, 고양이까지 다 잡아먹었답니다. 실제로 당시 개, 고양이 요리를 판 식당 메뉴판이 유물로 남아 있어요. 🐻

혹시 우리 식생활에 대해 프랑스인들이 뭐라고 하면 "너네 조상들도 개, 고양이 다 먹었음을 잘 알고 있으며, 우리의 친구인 달팽이를 여전히 먹고 있는 점은 참 안타깝게 생각한다."고 젊잖게 대꾸하면 됩니다. 🐻

또한 외국인이 질색하는 한국 음식 문화는 '더블 디핑Double Dipping', 즉 여럿이서 국과 반찬에 같이 수저를 넣는 행위인데요, 위생적으로는 하면 안 되는 것이긴 하죠. 우리 식사에선 그런 점이 많이 간과되기도 합니다. 과거엔 우리도 개인 상을 내는 것이 정상이었다지만 일제시대와 전쟁 기간을 지나며 부족한 살림에 겸상을 하면서 국, 찌개를 공유하게 되고 감염 문제가 발생하는 것이죠.

"오노~, 앞접시 사용하자구~!"

이처럼, 하루 세끼 먹는 식사는 식사 간격, 먹는 속도 등 습관도 중요하지만 어떤 재료로 만든 요리를 먹느냐는 것도 참 중요한 점 같습니다.

그리고 무엇보다 중요한 건, 어떤 요리든 조리하는 과정은 참으로 어렵고 힘든 일입니다. "밥이 맛이 있네, 없네."하고 식사를 준비한 이에게 타박하는 경우를 종종 보는데, 집밥을 하시는 어머니나 아내가 하루 세끼 식사를 뭘로 준비할지 얼마나 많이 고민하고 오랜 시간 정성을 들이는지 남성 본인이 직접 해보시면 좋겠어요.

우리가 먹는 하루 세끼, 다 잘 먹고 잘 살자고 열심히 일하는 거니까 감사히 즐겁게 먹었으면 합니다.

02
쌀과 밀의 비밀

앞서 문명별 식사 철학에 대해 얘기했는데 이번에는 식사의 주재료인 곡식 차이에 따른 문화적 차이를 이야기해볼까 합니다. (헛! 갑자기 진지 모드.)

옥수수의 특징

우리가 흔히 먹는 곡류는 뭐가 있을까요?

글로벌 기준으로 쌀, 밀, 옥수수가 대표적인 3대 곡물인데요. 이중 경영학적 관점에서 보면 가장 생산성이 높은 곡물은 무엇일까요?

그건 바로 옥수수, 니가 1등입니다 ~! 옥수수 한 톨을 심으면 무려 수백 개의 옥수수 알갱이가 만들어지죠.

"내가 바로 생산성 1위 옥수수야!"

영화 '인터스텔라'에서 인류 최후의 작물로 옥수수밭이 나오는 게 다 이유가 있는 겁니다. 하지만, 옥수수는 한 번 심고 나면 해당 경작지의 각종 영양소를 쫙쫙 빼먹기 때문에 자연 상태에선 수년간 같은 땅에 다시 심을 수가 없다는 문제가 있어요. 그래서 인디언들이 이 좋은 곡물을 키우면서도 사냥이나 목축을 병행해야 하는 반농반목 상태로 살았던 겁니다. 요새야 화학 비료를 쫙악 뿌려서 해결하지만요.

또한 콜럼버스가 아메리카 원주민 땅에 본의 아니게 무단 침입한 후 전 세계에 퍼져 나간지라 인류 문명사에서 옥수수의 영향력은 그리 크지 않았지만, 이제는 알게 모르게 가장 많이 먹는 곡물이 되었습니다.

쌀의 특징

3대 곡물 중 두 번째로 생산성이 높은 곡물은 쌀입니다.

쌀 한 톨에서 수십 알이 맺히기에 밀에 비해 단위 생산량이 높고 매년 심을 수 있어서 예전부터 쌀을 재배한 지역은 타 지역에 비해

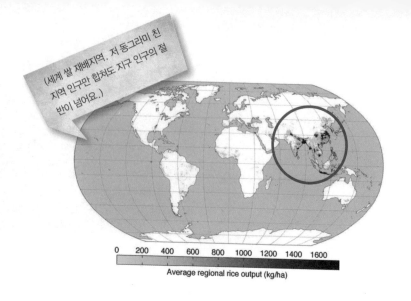

(세계 쌀 재배지역. 저 동그라미 친 지역 인구만 합쳐도 지구 인구의 절반이 넘어요.)

0 200 400 600 800 1000 1200 1400 1600
Average regional rice output (kg/ha)

식량이 풍족해 인구가 팍팍 늘 수 있었습니다.

그래서 중국, 인도, 한국, 일본, 동남아 인구가 타 지역에 비해 월등히 많지요.

인도는 전 국토가 다 쌀농사가 가능해 중국보다 재배면적이 크지만 생산성이 낮아 쌀 최다 생산국은 중국입니다. 다만 중국은 강남 일대에는 쌀농사를 짓지만 물이 부족한 화북지역은 밀농사를 지어서 면요리가 많죠.

유교 문화권에서 사농공상(士農工商) 순으로 귀히 여겼는데, 요즘 시각에서 보면 잘못된 것 같지만 산업혁명 이전에는 곡식이 없으면 굶어 죽는 수밖에 없었으니 농업이 그만큼 중요했고 생산성 면에서도 공업, 상업보다 훨씬 부가가치가 큰 산업이었어요. 특히나 쌀농사 기술 자체가 거의 지금의 반도체 급 기술이었기에 쌀농사를 선

택한 우리 민족 조상님들은 정말 탁월한 결정을 하신거지요. 🐻

하지만 쌀농사는 환경 제한이 많습니다. 물이 풍족하고 기온이 높은 기후여야만 가능해 우리나라는 거의 쌀 재배 북방한계선에 해당되는지라 동남아나 일본처럼 2모작, 3모작이 불가능했고, 결국 조선 초기가 되면서 일본에 인구 역전을 당하게 됩니다.

밀 문화권의 특징과 화폐 경제의 출현

밀은 쌀에 비해 생산성은 절반 수준으로 낮지만 물이 적고 추운 지역에서도 재배가 가능해 가장 많은 지역에서 재배되고 유럽 등 서구 문명에서는 주곡물로 자리하게 됩니다. 그런데 밀이 주식인 지역과 쌀이 주식인 지역의 문화는 이 주곡물의 특성으로 인해 사회, 경제, 문화가 달라지게 됩니다.

얼마 전 그리스에 금융위기가 왔을 때 여러 매체들이 '신들의 나라에서 금융위기가 웬 말이냐?'라며 보도를 했는데, 잘 생각해보세요. 돈은 신이 아니라 인간이 창조했어요. 그러니 신의 나라라고 별 수 있나요! 🐻

서양권에선 리디아(그리스 옆 동네)가, 동양에선 중국이 무려 2500여 년 이전부터 화폐금융을 처음 시작한 나라인데, 이 지역은 우선 외부와의 교류도 활발했지만 밀농사를 적극적으로 시작한 문명권이라는 공통점이 있습니다.

왜냐~, 쌀은 집집마다 직접 밥을 해먹을 수 있어서 웬만하면 자급자족 경제가 가능하지만, 밀농사 지역에선 집에서 밀가루를 만들고 빵을 굽기가 어려웠기에 마을마다 별도로 가루로 빻고 빵을 굽는 제분소와 제빵사라는 전문 직업군이 출현하게 됩니다.

그러니, 밀가루나 빵을 사기 위해서는 그에 상응하는 물건과 맞바꾸게 되는데, 매일 아침마다 제분소 주인과 손님 간에 어느 게 어느 정도 가치인지 분쟁이 벌어지니, 모두가 가치를 인정하고 쉽게 사용할 수 있는 '무언가'가 필요해진 겁니다.

결국, 이런 환경이 화폐 유통 경제를 시작하는 원동력이 됩니다. 그래서 쌀이 주식인 지역은 자급자족 경제로 화폐 필요성이 적었고, 밀이 주식인 지역은 부족한 자원의 상호 교환을 위해 상거래가 활발히 전개되고 화폐가 발명되게 됩니다.

그래서 중국에선 이미 춘추전국시대에 화북에 몰려 있던 각 나라별로 화폐가 만들어졌고, 진시황제가 중원을 통일한 후 문자, 도량형, 수레바퀴 폭까지 통일하면서 화폐 역시 단일화하게 되고 주변민족과의 교류가 늘어나면서 상거래 전통이 쌓이게 됩니다.

하지만 우리나라는 최초의 주화가 고려 성종 996년에 만든 '건원중보(乾元重寶)'여서 중국보다 많이 늦었고, 조선 중기까지도 화폐 유통이 활발하지 않았습니다. 왜냐하면 대다수 가정마다 자체 생산한 쌀과 작물로 식사를 해결할 수 있고 경제 활동 빈도 자체가 낮아 민간에선 구한말까지 물물교환이 일상적이었기 때문입니다. 개혁 군주로 유명한 정조가 말년까지 씨름했던 것이 화폐 유통 문제였을

정도였으니, 조선 후기에 이르면 가뜩
이나 쌀 생산도 불리한데 중국, 일본에
비해 교역 등 상업 비중이 너무 낮아 부
가가치를 생산하지 못해 국가생산력이 저하되
었던 겁니다.

(고조선시대에 한반도에서도 사용했다는 명도전은 전국시대 연나라 화폐예요.)

　참고로, 당초 로마제국의 로마인들은 밀
가루 등 곡물로 만든 수프와 야채, 생선 위
주로 먹어서 요즘 유럽인처럼 고기를 잘
먹진 않았답니다. 원래 이탈리아 지역이 목축에 적합한 땅이 아니기
도 했고, 이후 제국이 확장되면서 이탈리아 본토보다는 북아프리카
가 밀 생산에 유리하다는 것을 알게 되면서 값싸게 밀을 수입한 반
면, 이탈리아 본토는 올리브 재배 등에 집중했다네요. 이처럼 제국
내 각 지역별로 특산물을 집중 생산하고 전역에 제공하는 글로벌 공
급망을 완성했기에 당시만 해도 농사보다 부가가치가 떨어지는 목
축에 크게 신경 쓰지 않았다고 해요.

　하지만 게르만족이 남하하면서 로마제국이 멸망한 후, 비옥한 밀
생산지이던 북아프리카는 반달족 침입 후 방치되어 사막이 되고, 유
럽 대륙 역시 지역별 분업경제가 무너진 후 각 지역별로 자급자족
할 수밖에 없어 중세 내내 각 지역에서 밀과 함께 보리, 귀리, 호밀
등 농사를 짓게 됩니다.

　그러다 보니 곡물 생산량이 낮고 땅이 비옥하지 못해 3년마다 1

년씩 땅을 쉬게 하면서 그 땅의 지력을 높이기 위해 목축을 병행하는 상태가 됩니다. 즉, 소나 말, 돼지 똥을 비료로 써서 땅을 비옥하게 한 뒤 다시 농사짓게 되면서 자연스레 육식이 증가하게 되어 현재와 같은 서양 식단이 만들어지고 중세 프랑스에서 서유럽 식단의 형태가 완성됩니다.

앞서 카트린 드 메디시스 이야기로 설명드렸지요.

그와 관련해 재미난 사례를 하나 들면, 영화 '마션'에서 화성에 탐사 간 우주인이 홀로 남겨진 뒤 본인 '응가'를 이용해 감자를 키워 먹는 게 나오는데, 그 장면이 서구인들에겐 엄청난 쇼크였다고 하죠.

그게 왜 쇼크 먹을 일이냐고요? 🐻

우리나라에선 쌀농사를 지을 때 과거엔 화학비료가 없었고 가축도 안 키우니 사람 대변을 흙에 뿌려서 영양분을 보충하는 게 당연했는데, 유럽에선 흔하디흔한 가축 대변을 비료로 써왔기에 인간 대변을 비료로 쓴다는 것에 대해 엄청난 문화 충격을 느꼈다고 합니다. (뭘 그런 걸로 놀라고 그러서~. 🐻)

사실 그래서 오랫동안 동양권에선 기생충 등 감염 질환이 많았습니다. 인간과 작물 간에 계속 영양분 순환 구조를 형성했으니 인간 대변에 의한 감염이 많을 수밖에요. 1970~80년대 학교 다닌 분들은 매년 기생충 검사하고 약 받은 기억이 있을 거예요. 🐻

이처럼 척박한 환경의 유럽이었지만 인구는 계속 늘어나는데 땅

과 식량이 모자라니 장자에게 재산을 몰아주는 방식으로 사회구조
가 정착되면서 둘째아들부터는 수도사, 기사가 되거나 떠돌이 생활
을 하게 되고, 이 같은 불만이 모여 각지에서 영토 싸움을 벌이다가
나중엔 십자군전쟁까지 발화하게 됩니다.

세계사를 바꾼 후추

십자군원정은 종교적 염원도 있었지만 사실 무역로 확보 목적도 있
었는데, 가장 큰 이유는 바로 후추 때문이었습니다.

당시 반농반목 상태인 유럽은 한번 잡은 가축을 아껴 먹어야 했
는데, 냉장고가 없던 시절이라 저장이 힘들다 보니 상한 고기도 웬
만하면 먹을 수밖에 없었다고 하죠. 그래서 배탈, 설사로 사망자도

(녹후추, 백후추, 흑후추,
홍후추)

많았다고 합니다. 🐻 그런데 인도에서 출발해 아랍을 거쳐 베네치아를 통해 후추라고 하는 기막힌 향신료가 알려지게 됩니다.

> 베네치아 상인 : "자, 여기 보라치아~. 동방에서 온 후추란 향신료가 왔다리아~. 돼지 잡내 잡네치아~."
>
> 유럽 귀족들 : "오, 신이 내린 기막힌 향신료이로유럽! 이거 얼마면 돼? 얼마면 되는 거유로파?"
>
> 베네치아 상인 : "저 멀리 동방에서 갖고 오느라 엄청 힘들었다치아. 같은 무게 금이랑 바꾸자리아~."
>
> 유럽 귀족들 : "칼만 안 들었지 날강도이지유럽. 비싸유로파, 좀 깎자리아~."
>
> 베네치아 상인 : "흥, 옆 나라 귀족은 금보다 후추라며 1.2배 불렀네치아~. 안 판다리아~ 꺼지라리라."
>
> 유럽 귀족들 : "헉, 쏘리다유럽. 이거 없으면 밥 못 먹는다유로~. 한 번 봐달라유로파~. 1.3배 준다유럽~."

후추를 쳐서 먹으니 고기 썩는 냄새가 가려져 먹을 만해진다는 것을 알게 되자 너도나도 찾게 되어 같은 무게의 금보다 더 비싸졌고, 무역을 중개한 베네치아는 작은 도시국가임에도 유통망을 장악해 유럽 최고의 부자 국가가 됩니다.

심지어 미국도 1776년 독립전쟁 이후, 재정 문제가 생기자 재무 장관이 대서양을 건너와 새파란 30대 베네치아 재무 귀족에게 머리

를 조아리며 자금 조달을 요청할 정도였대요. 그렇게 잘나가던 베네치아는 20년 뒤에 우악스럽게 쳐들어온 나폴레옹에게 망하게 되지요.(어째 나폴레옹은 매번 등장하는 느낌. 🐻)

하지만 이후 이슬람 세력이 팽창하면서 예루살렘은 물론 지중해 최대 교역항구인 야파 항구(지금의 이스라엘 텔아비브, USB의 탄생지.) 마저 봉쇄되면서 후추 무역이 중단됩니다.(오~ 맘마미아!) 이에 십자군전쟁을 통해 무역 루트를 재확보하고자 눈이 벌게진 베네치아는 교황청을 후원하며 노력을 기울였고, 심지어는 4차 십자군을 배후 조정해 동로마제국 수도 콘스탄티노폴리스를 함락하기까지 합니다.

이들 십자군은 3차 원정 이후 예루살렘을 뺏기고도 베네치아 해

(중세 유럽 최고의
부자 도시, 베네치아~)

군이 지키던 야파 항구는 100여 년을 더 버틴 것을 보면 결국 경제 전쟁이었다고 볼 수 있습니다.

하지만 이후 오스만투르크가 급성장해 동로마제국을 무너뜨리고 발칸반도까지 점령하자 눈을 돌려 대서양을 건너 후추 생산지인 인도로 직접 가고자 노력한 것이 본의 아니게 아메리카 대륙의 발견으로 이어지게 되고, 이후 자신감이 넘친 유럽 국가들에 의한 세계 식민지화가 이루어졌습니다.

그래서 일부 학자들은 이 같은 서구문명의 팽창 원인은 후추라고 손꼽죠.

이처럼 밀과 고기를 병행한 식생활은 유럽인의 체격을 키워줬고, 후추를 수입할 수 없자 침략 전쟁을 일으키고, 늘어나는 인구는 식

민지로 보내는 유럽 역사의 시작은, 척박한 환경에 의한 식량 문제가 출발점이었다고 봐도 무방합니다.

세계사를 바꾼 근본 원인, 북방 유목민 식량 보급 전쟁

그런데 이런 유럽의 환경 변화를 촉발한 원인 제공자는 뜻밖에도 동양에 있었습니다.

오랫동안 동양 질서의 중심을 차지해온 중국은 화북의 밀농사 지역이 정치 중심지였고 양자강 이남 지역이 쌀농사 지역이었습니다. 중국 역사를 보면 대부분 화북지역 중심으로 전쟁이 벌어지게 되는데, 그 이유는 주로 식량이 부족한 북방 민족의 침입에 의한 것이었지요.

우리는 흉노족을 그저 야만족이라 생각하지만, 실제 흉노는 단순한 야만족이 아니라 유럽 인종, 아시아 인종이 섞여 있던 다민족 거대 제국이었어요. 원래 지금으로부터 6000년 전, 마지막 빙하기 이후 가장 기온이 상승한 시기에 농사를 짓는 사람들이 북쪽 시베리아까지 진출해 성립한 흉노족도 일정한 사회 체계를 만들고 농사지으면서 먹고 살만했다고 하죠.

하지만 실크로드보다 먼저 열린 초원의 길에서 교역을 통해 부를 쌓던 중, 점차 기온이 낮아져 농사를 못 짓게 되자 진한시대에 남하하면서 중국과 부딪히게 되어 결국 중국이 이들을 막기 위해 만리장성을 쌓게 만들죠.

그렇기에 중국이 이민족에게 여러 시기 점령당했을 때, 기존 사회 질서가 무너지지 않은 것은 이들 북방 이민족들이 이미 국가 경영 체계를 구축한 경험이 있었기 때문에 기존 사회 체제

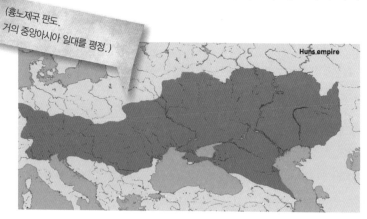

(흉노제국 판도.
거의 중앙아시아 일대를 평정.)

Huns empire

의 유지가 본인들에게도 유리하다는 것을 안 것이죠.

만약 이들이 그 유명한 반달족 같은 생 야만족이었다면, 황화문명은 첫 이민족 지배 시기인 5호16국 시대(AD 304~439)에 씨도 안 남을 정도로 파괴되었을 겁니다.

어차피 역사란 기록하는 쪽에게 유리하게 써진 것이라 중국인들은 역사서를 집필하며 자기네가 월등히 앞선 문명을 가졌기에 야만족이 이후 자기네 문명의 힘에 녹아내렸다고 표현한 것이지요.

결국 이들 흉노족을 비롯한 북방 민족들은 중국의 저항에 밀려 서쪽으로 이동해 유럽 땅에 들어갑니다. 이에 아틸라(Attila)가 이끄는 훈족에 쫓긴 게르만족은 대거 로마로 밀고 내려와 476년 서로마제국이 멸망하면서 중세시대가 시작됩니다. 앞서 설명한 중세시대 후추 유통망을 장악해 부자가 된 베네치아가 바로 이 아틸라의 훈족에 쫓긴 이탈리아인들이 피난처로 만든 바다 위의 도시였지요.

로마제국 시대엔 지중해 전역이 하나의 유통망이었지만 제국이 붕괴된 후 각 지역별로 자급자족해야 하는데 밀농사가 잘 안 되어 목축을 병행하게 되면서 육식이 증가하게 되고, 냉장 기술이 없어 고기가 썩으니 잡내를 줄이고자 후추를 치고…….

이후 투르크 세력에 밀려 후추 공급망이 끊어지니까 빙 돌아서 원산지인 인도까지 가겠다고 배타고 가다가 본의 아니게 신대륙을 발견하고, 그래서 식민지 전쟁이 벌어지고, 하다 보니

(아틸라 은화)

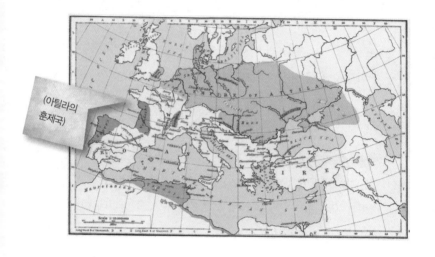

(아틸라의
훈제국)

실력이 늘어나 서구 세력이 전 세계를 식민지화하게 되고, 이 과정에서 늦게 뛰어들어 식민지를 못 가진 독일 등이 땅을 뺏기 위해 두 차례 세계대전을 일으키고, 이후 냉전시대에 이르렀으니……

그러고 보니 이 세계사를 이끈 변화의 주역은 후추가 아니라 더 근원을 찾아가 보면 같이 밥 먹고 살자고 아등바등하던 흉노족을 밀어낸 중국이 원인 제공자네요. 🐻

우리나라 쌀농사 문화

다시 우리나라 사례를 볼까요?

우리 민족은 중국인보다는 북방 유목민과 더 유전적으로 밀접합니다. 우리 민족의 70퍼센트를 차지하는 북방계 조상님들이 시베리아 벌판에서 만주와 한반도로 내려온 것도 결국 기온 저하로 농사짓기가 어려워 새 땅을 찾아 나선 거지요. 원래 구석기시대만 해도 한반도는 평지도 적은데다가 산은 나무가 빽빽이 들어찬 아열대 기후대여서 코뿔소가 뛰어 놀던 곳이라 구석기인들은 해안가, 강가에 몰려 살았습니다. 남방 문화권의 상징인 고인돌이 강가, 해안가에 집중된 게 그 증거이지요.

이처럼 쌀농사 지역은 밀보다는 생산성이 높아 인구도 많이 늘어났지만 재배 과정에서 손이 많이 갔기에 투입 인력과 노동 강도가 밀농사보다 2배 가까이 높다고 하죠.

그래서 그 땅을 벗어나 딴 일을 모색할 틈이 없다 보니 국경 내부에서 민족 정체성은 확고해진 반면, 특별한 일이 없는 한 주변과의 교류가 드물었고, 관청의 공적 업무 이외 일반 나그네를 위한 식당이나 숙소 등 민간 인프라가 거의 존재하지 않아 술을 파는 주막에서 숙식을 제공하는 수준이었습니다.

이처럼 중국 북부, 중동, 유럽에서는 자급자족이 안 되는 환경에서 상호 거래가 활발했기에 본인에게 유리한 방식이 무엇인지 통달한 반면, 교류 노하우가 없던 우리나라는 현대에 이르기까지 외국과의 거래에서 판판히 손해를 보는 것도 이런 역사적 배경과 무관하지 않다고 보입니다.

쌀과 밀 문화의 차이점

쌀과 밀에 따른 변화는 이처럼 화폐 경제 등 교역뿐 아니라 일상생활 면에서도 큰 차이를 보여주는데요. 실제로 아침부터 외식을 하는 외국 사례를 보면 우리 어머니들과 아내들이 부러워하는데 그런 곳의 음식 다수는 밀가루 기반이라 식사 재료 공급부터 분업화가 되어 외식이 자연스런 문화로 이어져 오는 것이죠. 반면 쌀을 주식으로 하는 사회에선 쌀을 끓이기만 하면 식사가 되니 아침에 외식하는 문화가 없었지요. 그래서 더 삶이 고달팠습니다. 🐻

즉, 쌀농사 지역은 예로부터 상대적으로 식량이 풍부해 인구가 늘어나긴 좋으나 아주 조직화된 체계 속에서 노동 강도가 세고, 이동성이 낮고, 삼시세끼 자급하는 폐쇄형 안정적 사회여서 새로운 창조가 중요한 현대 환경에서는 역사적 배경이 불리할 수밖에 없습니다.

유럽은 만성 식량부족이긴 했지만 밀농사 짓고 목축을 하다 보니 중간중간 여유 시간이 많아 일반 서민들도 나무조각 등으로 취미활동도 하고, 농한기에는 온 마을이 날을 정해 각종 카니발 등 축제를 열 여유가 있었습니다.

그리고 식량 부족을 해결하기 위해 외부로 진출하려는 분위기가 형성되면서 다양한 외부 세계와 접하게 되어 새로운 세상에 대한 호기심이 넘치게 되고, 이 같은 여유 시간과 넘치는 상상력을 기반으로 여러 분야에서 다양한 시도가 이루어지는 사회 분위기가 형성됩니다.

스티븐 스필버그(Steven Spielberg), 조지 루카스(George Lucas), 스티브 잡스도 다 유명한 일본문화 덕후(와패니즈, Wapanese : Wannabe+Japanese)였고, 이 같은 새로운 문화적 충격에서 비롯된 여러 아이디어가 양태되지요.

영화 '스타워즈'를 예로 들면, 제다이 스승은 일본식 이름인 요다, 제다이라는 단어 역시 '시대(時代)'의 일본 발음에서 비롯된 거지요. 우주전쟁인데 칼로 승부 거는 건 루카스가 사무라이 영화 덕후여서 그런 겁니다.

이에 반해, 우리 조상님들은 날을 정해 카니발을 열기는 커녕, 논에 물대기, 모내기 등등 날을 정해 품앗이를 하면서 1년 내내 쉴 틈 없이 농사를 짓다 보니 농사에서 해방된 양반이 아닌 한, 별도의 개인 취미 문화나 서민 문화가 발달하기 쉽지 않았죠. 지금도 여전히 '농부의 근면성'을 강조하다 보니 개인의 창의적인 발상이 용인되는 분위기가 쉽지 않습니다.

그런데 우리와 유사한 환경이던 일본은 어디가 달랐을까요?

우리와 같은 쌀농사 문화이던 일본은 3모작이 가능해지면서 인구가 늘어나고, 상대적으로

(소니 창업자 모리타 아키오를 추모하는 잡스)

(에도 시대 가부키 공연 그림)

경제적 여유가 많아집니다.

임진왜란 이후 17세기 에도(江戶)시대에 이르러 도쿠가와 막부가 정권 유지를 위해 지방 영주 다이묘(大名)들의 가족을 도쿄에 인질로 잡아두고 다이묘들이 매년 정기적으로 방문케 합니다. 중간 지역인 오사카, 나고야 등 교통 요지에 숙박과 물산 집하지로서 도시가 발달하면서 상업이 발전해 가부키 공연 극장이 시장에 들어서는 등 서민 문화 활동이 활발해진 가운데, 19세기 근대화에 동참하면서 본업과 더불어 여유 시간에는 전문가 수준의 취미활동이 용인되는 문화로 발전하여 현재 오타쿠(おたく) 문화의 근원이 됩니다.

이미 일본은 1886년부터 순차적으로 전국 7개 거점 도시에 제국대학을 운영하며(조선의 경성제국대학, 대만의 타이페이제국대학까지 합치면 9개) 아인슈타인(Albert Einstein), 닐스 보어(Niels Bohr) 등 세계적 학자를 초빙해 학생들이 유학 가지 않고도 선진문물을 배울 기회를 제공하는 등 장기적인 기초과학 육성책을 전개했습니다.

이에 제2차 세계대전 당시 전투기, 전함, 항공모함 등을 자체 제작하고, 원자폭탄 제조를 위한 입자 가속기 장비인 싸이클로트론(cyclotron)은 거의 완성 단계에 이르는 등, 이미 80여 년 전 일본은 과학 대국으로 발전한 상황이었습니다.

이 같은 과학 인프라가 존재했기에 1949년에 유카와 히데키(湯川秀樹)가 중간자 이론으로 노벨 물리학상을 탄 것을 시작으로 최근에는 미국에 이어 두 번째로 많은 노벨상 수상 국가가 되었습니다.

이 중 다수가 일본 국내파 박사란 것도 시사하는 바가 큽니다. 2008년 노벨 물리학상을 받은 마스카와 도시히데(益川敏英) 교수는 영어가 아닌 일본어 논문으로 상을 탔다고 하는데, 웬만한 해외 주요 도서는 다 일본어로 번역되어 나올 정도로 번역출판 강국이기도 하죠. 이에 반해 영어 공부에 시간 뺏겨 정작 전공 공부 시간이 부족한 우리나라 현실은 안타깝습니다.

그런데도 우리는 일본이 연속으로 노벨상을 수상한다고 열받아하고, 수년 내에 노벨상을 타겠다는 국가 프로젝트를 하고 있는 거죠. 노벨상을 받기 위해 연구하는 게 아니라 자발적으로 연구하다 보니 노벨상도 탈 수 있도록 과학 분야에 꾸준히 토양을 만들어주는 게 올바른 국가 정책이 아닐까 합니다.

이처럼 일본의 노벨상 수상자들은 130여 년 전 만들어놓은 거점 대학에서 선배들의 노하우를 배우고 이를 바탕으로 독창적 구상을 할 수 있는 인프라를 구축했기에 지속적인 인재 발굴이 가능했던 것입니다.

우리나라도 골프에서 박세리 등 선구자가 나서자 뒤이어 골프 꿈나무들이 미 여자 프로 골프대회(LPGA)를 석권했듯이 학문 발전을 위해서는 국가적 관심뿐 아니라 해당 학문에 대한 토양을 건실히 쌓아야 합니다. 단기 전략으로 단시간 내에 노벨상을 타겠다는 식의 접근으로는 불가능하죠.

무슨 쌀과 밀 이야기하다가 뜬금없는 노벨상 애길 하나 싶지만, 우리가 하루 세 번씩 접하는 음식이 일상생활과 가장 밀접한 관계가 있고, 심지어 해당 문명권 특성과 역사까지 영향을 주었단 사실을 알고 나면 한 끼 식사의 의미가 더하지 않을까요?

03
한국인은 밥심이지

앞선 이야기에서 쌀과 밀의 생산성 차이에 대해 비교하면서 밀 문화권에서 화폐가 먼저 발생한 이유와 후추와 북방 유목민이 변화시킨 세계사를 설명드렸는데요.

우리 민족과 쌀에 대해 이야기해볼까 합니다.

우리는 "한국인은 밥심이지~!"라고 할 정도로 쌀을 우리 민족의 자존심이라 여기고 있습니다. 앞서 말씀드렸듯이 아시아에서 90퍼센트 이상 생산되는 쌀은 밀, 보리 등 다른 작물보다 생산성이 높아 쌀을 주식으로 하는 아시아 지역이 인구가 빨리 늘어날 수 있었고 지금도 가장 많은 인구가 쌀을 주식으로 먹습니다.

쌀은 크게 2가지 종이 있습니다.

인도가 원산지인 인디카(Indica) 종, 안남미라 부르는 풀풀 날리는 그 쌀인데, 전 세계 쌀 중 90퍼센트를 차지합니다. 중국 강남이 원산지인 자포니카(Japonica) 종, 우리가 주로 먹는 찰진 쌀이죠. 이 쌀은 원산지가 중국인데도 서양에 알려진 건 일본을 통해서인지라 자포니카, 즉 일본쌀로 알려집니다. 그외 자바니카(Javanica) 종이란 열대지역 아종을 구분해 3종으로 구분하기도 하지만 자포니카와 매우 유사해 흔히 자포니카 종에 포함시킵니다.

우리나라 벼농사의 역사

그런데, 우리나라에선 언제부터 벼농사를 지었을까요?

예전 국사시간에 배울 때는 2000여 년 전인 삼한시대에 인도에서 중국을 거쳐 만주를 지나 한반도로 들어온 것으로 배웠던 것 같은데 …… 1990년대 들어 울산 옥현 유적지에서 청동기시대 논이 발견되고 이후 다수의 청동기 시절 논과 밭 유적이 나타나면서 더 이

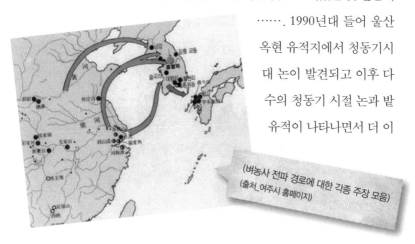

(벼농사 전파 경로에 대한 각종 주장 모음)
(출처_여주시 홈페이지)

른 시기부터 농사가 시작되었다는 설이 힘을 얻고 있습니다.

어쨌거나 저쨌거나 2000여 년 넘게 쌀이 우리의 주식인 것은 맞지만 지난 1970년대 초까지만 해도 보릿고개란 말이 있었을 정도로 늘 식량이 부족한 나라였습니다. 🐻

보릿고개가 뭔지 모르는 분들을 위해 잠시 설명하자면, 가을에 쌀 수확 후 봄철까지 비는 기간에 심는 세컨드 작물이 보리여서 쌀을 다 먹고 보리를 수확할 때까지 식량이 없는 봄철 시기를 의미해요. 옛날엔 이 고비를 못 넘고 굶어 죽는 경우가 많았대요. 🐻

서양도 마찬가지로 밀 수확 후 보리를 주로 심는다죠. 그래서 우리나라엔 '쌀보리' 놀이가, 서양엔 "밀과 보리가 자라네~" 동요가 있는 거랍니다.

보릿고개가 생기는 이유는 쌀이란 게 원래 물이 많고 날씨 더운 열대지역 작물인데 한반도는 여름 이외엔 물이 부족하고 겨울엔 시베리아만큼 추운지라 쌀을 1년에 한 번만 재배할 수 있고, 그나마도 경상, 전라, 충청 삼남지방에서만 주력으로 할 수 있어서 흉년이 들 경우 대체할 식량이 부족했기 때문입니다.

따라서 고려시대까지는 북쪽은 거의 보리, 조, 수수 등 밀농사가 주력이었고, 벼농사 지역도 지금과 달리 모내기 없이 그냥 바로 볍씨를 뿌리는 직파법을 사용해, 모내기가 도입된 조선시대보다 1인당 생산성이 낮았다고 합니다.

많은 분들이 삼국시대에 고구려가 통일을 했으면 어땠을까 아쉬워하지만, 고구려는 요하 유역 및 대동강 유역을 제외하면 쌀농사가 가능한 지역이 없어 인구 증가가 쉽지 않았습니다.

《삼국유사》 기록을 봐도 백제 인구가 76만 호로 고구려 69만 호보다 많습니다. 특히 고구려 장수왕이 남하하자 나제동맹으로 두 나라가 공동 대항했는데, 인구수가 2배 가까이 많았고 산악지형이 험해 고구려가 정복하기 어려웠습니다. 영토 크기만 보면 고구려가 워낙 넓어 압도할 것 같지만 이처럼 기후와 식량 문제로 접근하면 달리 보입니다.

발해는 영토는 고구려보다 더 넓었다 하더라도 요동 지역은 물론 대동강 유역도 제대로 차지하지 못했고, 비옥한 농토가 없는 척박한 지역이라 많은 인구를 유지할 수 없었어요. 그래서 고구려의 인구수는 300만 명 정도였는데, 발해는 기껏 150~200만 명 수준이라 국력은 고구려 때보다 약할 수밖에 없었죠.

서태지는 '발해를 꿈꾸며'라는 노래를 통해 가장 큰 영토를 가졌던 발해를 그리워했지만, 실상은 영양가 없는 땅만 잔뜩 갖고 있었던 거예요. 🐻

통일신라가 당나라와 밀당 끝에 대동강 유역 선에서 국경을 그은 것도 경영학 측면에서 본다면, 오랜 전쟁으로 인구가 줄어 국경을 지킬 군사수가 모자랐기에 쌀농사가 가능한 대동강 유역까지 효율적으로 차치한 것이고, 고려 역시 이 같은 문제로 인해 국경선을 최대한 효율적으로 유지한 것이란 주장이 있습니다. 실제로 고려 말 위화도 회군을 불러일으키게 되는 요동 정벌 시도 등 여러 차례에 걸친 영토 확장 시도 때, 드넓은 만주 벌판이 아닌 요동 땅을 계속 노린 것은 만주 벌판보다 비옥한 요동의 농토를 차지하는 것이 중요했기 때문이었습니다.

조선 세종 때에 이르러 김종서 장군이 4군 6진을 설치하며 압록강, 두만강으로 국경선을 확장한 것은, 강을 경계로 해 영토가 명확해지고 방어에 유리해졌다지만 그 이전보다 영토는 크게 늘진 않은 대신 국경선은 3배 이상 길어진 겁니다. 즉, 그다지 효율적인 영토 확장 정책은 아니었다는 거죠.

아래 지도를 보실까요?

(통일신라와 고려의 국경선) (출처_사회과부도(미래엔) 참조)

고려가 평안도 지역을 더 차지했지만 신라와 고려의 북쪽 국경선 길이는 비슷하죠?

그러고 보니 지금의 비무장지대(DMZ) 길이와도 비슷하네요. 하지만, 조선 세종 시절 확립한 압록강 – 두만강 국경선 길이는 예전보다 3배 늘어난 건데, 실제로 이 국경선 길이는 신의주 – 부산 간 길이와 맞먹습니다. 🐻

조선이 금지한 모내기

그런데 조선 세종 시대에 국경선이 3배나 늘어난 비결 중 하나가 모내기 기술이 본격적으로 등장해 인구 증가가 가능해진 것이 원인이란 견해도 있습니다.

실제로 세종의 아버지인 조선 태종 시절 일본에 15차례 파견되었던 통신사 이역이 일본에서 자전식 물레방아 기술을 받아와 논에 물을 쉽게 댈 수 있게 되면서 현재 사용되는 모내기 기술(이양법)이 도입됩니다. 따라서 고려시대 이전 역사극에 물레방아가 나오면 고증 오류입니다.

(우리나라 물레방아, 중국 물레방아)

당초 중국 강남지역에서 사용하던 기술이었지만 우리보다 먼저 전수받은 일본을 통해 물레방아를 도입했다는 사실은 우리 역사책엔 안 나오죠. 우리가 고대에 일본에 선진문물을 전파해주었다고 자랑하지만 원래 문화란 게 서로 주고받는 거라 이런 걸로 자긍심 세우는 게 과연 맞나 싶습니다. 일본에 전해주었다는 선진문물 중 다수는 우리도 중국에서 받아온 거 아닙니까? 🐻

　하지만, 당시 조선 조정은 이앙법을 엄격히 금지합니다. 🐱 모내기 농사법이 도입된 시기였던 태종은 물론, 백성을 사랑하신 세종대왕님도 금지정책을 쓰셨으니, 조선 말기까지 명목상으로는 모내기는 금지되어 있었습니다. 법 따로 현실 따로…….

　쌀농사가 훨씬 편해지고 생산량도 높아지는데 왜 금지했을까요? 그 이유는 봄철 모내기할 즈음에 가뭄이 들면 한해 농사를 망칠 수 있다는 현실적인 리스크와 함께, 쌀농사 지역이 부자가 되면 지역 간, 계층간 사회적 갈등을 유발할 수 있다는 논리였다고 하죠. (요즘이랑 비슷하네요. 🐻)

(1670~1671년 사이에 일어난 대참사, 경신대기근)
(출처_EBS 〈역사채널e〉 캡쳐)

경신 대기근

　하지만 임진왜란 이후 조정의 권위가 바닥으로 떨어지고, 효종 아들인 현종 시절(1659~1674)에 소빙하기가 닥치면서 극심한 기근이 들어 부모가 아이를 잡아먹고 길 가던 나그네를 죽여 구워먹었다는 '경신

대기근' 참사가 빚어지면서 모내기는 들불처럼 번져 나갑니다.

엄연히 실록에 나오는 건데, 역사책에선 거의 언급하지 않지요. 하긴 현종이란 임금이 있었는지도 잘 모르는데요, 뭘~. 15년간 장례절차를 놓고 '예송논쟁'만 했으니 뭐 할 얘기가…… 🐻

조선 경제의 근간이 되었던 벼농사 기법이 변하면서 더 적은 노동력에도 생산량이 늘어나면서 잉여 생산물에 의한 부농이 발생하고 경제 활동이 증가하자, 현종의 아들 숙종 4년인 1678년, 드디어 우리 역사상 최초로 전국 단위로 유통된 상평통보(常平通寶)를 만들게 되는 겁니다.

이처럼 쌀 생산량 증가에 따라 경제력이 높아지면서, 주인 – 노비 관계에서 지주–소작농 방식의 계약제로 변화되고 판소리, 출판물 대여 등 각종 문화 활동이 활발히 전개되면서 조선 후기 르네상스라 불리는 영·정조 시대가 도래하게 되지요.

실제 조선시대 삼남지방이 차지한 경제력은 이 같은 쌀 생산 능력에 의해 조선 경제의 70퍼센트에 이를 정도였고, 인구도 역시 삼국시대 이래로 그 비율만큼 늘었습니다.

(상평통보, 요새도 너무 흔함.
시세 1.5만 원~8만 원이라네요.)
(출처_국립중앙박물관)

산업화가 진행된 지금은 수도권에 인구 절반이 몰려 살지만, 불과 100여 년 전인 1911년 일제가 인구조사를 했을 당시, 인구 1위 행정구역은 한양이 있는 경기도가 아니었습니다. 경상북도 1위, 전라남도 2위, 경상남도 3위, 경기도(한양 포함) 4위였어요. 당시엔 물류가 활성화되지 못해 생산지에서 대부분 소비가 되었으니 쌀 생산이 인구 증가에 미친 영향을 알 수 있지요. 하지만 1940년에 이르면 교통의 발달과 산업화로 인해 경기도가 1위로 올라섭니다.

건축에 있어서도 고려시대엔 국제무역항 벽란도에 2층 상가 건물이 즐비했다지만, 조선 후기에 이르러서는 민간에서는 2층 건물을 아예 안 짓게 됩니다. 건물이 클수록 세금이 더 세졌거든요. 🐻

그러다 보니 이후 다층 건물 건설 기술 노하우도 사라지면서 건축 기술도 낙후하게 됩니다.

그 증거 사진에는 하나 보여드릴게요. 종로(鍾路, 종이 있는 거리)란 이름이 있게 한 보신각 건물은 오리지날의 카피본입니다. 즉, 원래 조선 초기에 만든 최초의 보신각은 2층 누각건물이었어요. 하지만 임진왜란 때 소실되어 다시 만들 때, 1층 3칸으로 축소되었지

(세종 당시 기준으로 다시 만든 2층 보신각) (출처: 우한길(HK_Woo)), (임진왜란 후 만든 조선 후기 1층 3칸 보신각) (출처: 전우용 《서울은 깊다》)

요. 전쟁 후 재건하던 당시에는 과거처럼 크고 웅장하게 만들 여력도, 장인도 없었던 것이죠.🐽 요즘 보는 보신각이 6.25전쟁 통에 사라진 뒤, 전쟁 이후 보신각을 재건하는 과정에서 조선 초기 세종조 당시 건축 기록에 따라 정면 5칸, 측면 4칸, 2층 누각으로 새로 지은 거예요.

그 외에도 덕수궁에 남아 있는 유일한 2층 건물인 석어당(昔御堂)은, 임진왜란 이전 월산대군의 사저이던 시절부터 있던 거라 궁내에서 가장 오래된 건물이었고 선조가 임란 이후 16년간 거처하던 곳이라 이미 조선시대에도 박물관으로 대접받았다지요. 비록 1904년 화재로 다시 지어졌지만요. 🐽

20세기 쌀농사 역사

이후 일제시대엔 우리나라 쌀 중 다수가 일본으로 수출되어 더 어려운 지경에 이르게 됩니다. 1910년대 일제 지배 초기에는 국내 쌀 생산량 중 10퍼센트 정도만 수출되었지만 1920년대엔 40퍼센트를 넘기고, 1935년에는 53퍼센트에 이를 지경이 됩니다. 우리도 쌀이 공출되면서 식량난으로 죽을 지경이었지만 일본 농민들 역시 조선에서 싸게 쌀을 들여와서 다 죽게 생겼다고 난리가 납니다.

당초 일제는 식민지 조선뿐 아니라 일본 현지에서도 폭압적인 정책을 펼쳤다가 1918년 쌀 부족 현상으로 일본 전역에서 쌀 폭동 시위가 벌이지게 되고, 일본 대학생들의 억압정치 항의와 맞물려 여론이 나빠지자 1920년 '문화정치'로 정책 노선을 바꾸게 됩니다.

흔히 1920년대 문화정치는 1919년 3.1운동 때문에 한반도에서의 식민지 정책이 변화한 것이라고 생각하지만, 일본 역사서에선 1918년 쌀 폭동에 이어 '조선 3.1만세운동'이 일어나는 등 각지에서의 군국주의 정치에 대한 반발 여파 때문에 나타난 대국민정책 변화라고 나옵니다.

이때 쌀, 목재, 금 등을 팔아 번 돈으로 경성방직, 화신백화점 등 민족자본이 출현하게 되지요. 식민지 수탈 경제 속 작은 희망의 불씨였습니다.

당시 부산, 군산, 목포 등 항구도시는 일본으로 보내는 곡물 수출항이 되면서 경제적 이익을 좇는 인구가 몰려들어 기존 경성, 평양, 대구 3대 도시에 이은 6대 대도시로 급성장합니다. 일본이 쌩 날로 뺏아간 건 아니긴 합니다만, 일본 측 이익이 워낙 더 컸으니……. 식민지의 비애지요. 🐻

해방 이후 6.25전쟁을 겪으면서 1960년대까지도 5월 보릿고개에 굶어 죽은 소식이 뉴스에 나올 정도로 여전히 식량 부족 국가였기에 1970년대까지 학생들 도시락은 꼭 잡곡이 섞여 있는지 검사를 하고, 1주일에 2~3번 정도는 일반 식당에서도 조밥, 수수밥이 나오도록 강제할 정도였지요.

하지만 1971년, 맛은 포기했지만 낟알은 훨씬 많이 열리는 다수확 신품종 '통일벼'가 개발되면서 드디어 1977년 쌀 자급자족 국가가 됩니다. (만쉐이~!)

통일벼는 일본 북해도 자포니카종 + 대만 안티카종 교배 후 필리핀 안티카종과 다시 교배해 만든 글로벌 교배종이죠.

하지만 이처럼 오랜 기간 우리 민족의 주식이던 쌀은 자급자족한지 얼마 되지 않아 다양한 먹거리로 인해 이제는 1년치가 남아도는 천덕꾸러기 신세가 되고 있어요. 🐻

그래도 역시 우리 민족의 힘은 '밥심'에서 나오는 거 아니겠습니까? 농민의 땀과 눈물이 어린 쌀! 사랑해주세요. 🐻

04
알고 먹자, 옥수수

식생활 관련해 너무 무거운 이야기만 늘어놓은 느낌이네요. 머리를 식힐 겸 가벼운 이야기로 넘어가겠습니다.

현재 우리가 섭취하는 음식 중 가장 많이 먹는 게 뭐라고 생각하세요?

밥? 밀가루? 커피? 아! 알코올요. 네. 그죠. 암요. 🐻 하지만 정답은, 옥수수입니다. 🐻

네? 옥수수 먹어본 지 한 1년 넘은 거 같은데 이게 무슨 한우 전문점에서 조개구이 찾는 소리냐고요? 🐻 하지만 실제로 우리가 먹는 대부분의 조리식품에는 알게 모르게 옥수수가 포함되어 있어서 가장 많이 섭취

(생산성에 이어 소비량도 1위인 옥수수)

115

하는 성분이 바로 옥수수랍니다.

그게 얼마나 많냐면……, 놀라지 마세요. 실제 청소년의 머리카락을 분석해본 결과 머리카락 성분의 34퍼센트가 옥수수. 물을 제외한 우리 몸의 3분의 1이 옥수수라는 거예요. 🐻 이건 저의 주장이 아니라 2010년 다큐멘터리 프로그램 〈SBS 스페셜〉 '옥수수의 습격'에 나와요.

실제 옥수수는 여기저기 많이 활용된답니다. 옥수수 녹말은 탄산음료, 껌, 아이스크림, 땅콩버터, 케첩, 자동차용 페인트, 살충제, 탈취제, 비누, 감자칩, 수술용 붕대, 매니큐어, 샐러드드레싱 등에 쓰인대요. 게다가 1960년대 이후 목초 부족 현상으로 세계 각국의 가축사료가 옥수수가 주성분인 곡물사료로 대체되면서 우리가 먹는 고기 성분 내에 옥수수가 다량 포함되었고요. 당연 우유에도 옥수수 성분이 녹아 있겠죠? 단맛을 내는 액상과당도 주원료는 옥수수.

이처럼 전 세계에서 널리 활용되는 옥수수가 확산되게 된 건 1492년 콜럼버스가 아메리카 대륙에 본의 아니게 발을 내딛으면서 비롯되었습니다.

당시 아메리카 전역에서 인디언들이 옥수수를 재배하고 있었는데, 이 식물이 참 신통방통하단 것이 알려지면서 유럽을 거쳐 전 세계로 퍼져 나가게 된 거지요. 기온만 적합하면 씨앗 한 알로 100~200배 수확을 얻을 수 있고 1년에 2번 재배가 가능하죠. 쌀이나 밀보다 훨씬 효율적입니다.

하지만 이렇게 많이 소비되는 옥수수 섭취가 문제가 되는 게, 옥수수 내 오메가 3지방산이 오메가 6지방산에 비해 너무 적어 (1 대 66) 몸에 해롭다는 겁니다. 적정 비율은 1 대 1～1 대 4 정도라네요.

이처럼 널리 쓰이는 옥수수에는 놀라온 비밀이 숨어 있습니다. 그것은 바로……, 옥수수는 1만 년 전 인류에 의해 개발된 최초의 유전공학 식물이란 겁니다!!! (오 마이 갓뜨~! 😱)

실제 야생상태에서 옥수수는 사람이 일일이 여러 겹의 겉껍질을 까주지 않으면 안의 노란 씨가 밖으로 나올 수 없어 더 이상 번식할 수 없습니다. 즉, 완전히 인간에 의해서만 종족 번식이 유지되는 식물인 겁니다.

실제 원시종 옥수수와 우리가 재배하는 현대 옥수수 사이엔 큰 차이가 있습니다.

옥수수는 줄기 하나에 묵직한 옥수수속(우리가 먹는 옥수수) 하나가 자라는 반면, 옥수수의 조상이라 여겨지는 '테오신트(Teosinte, 돼지수수)'는 가느다란 풀인데, 이 식물은 여러 줄기에 여러 이삭이 달리는데 이삭도 1인치가 채 되지 않고 겉껍질도 없다고 하네요.

(조상 옥수수 '돼지수수'와 현대 옥수수 비교)

그 외에도 유사 식물인 수수, 사탕수수도 생긴 건 영 다르거든요. 이들 사촌들도 옥수수처럼 씨앗이 뭉텅이로 달리지 않고 줄기만 길어서 외관상으로 전혀 닮지 않았답니다. 즉, 다른 식물과 다르게 옥수수가 인간의 손에 의해서만 종족이 유지되도록 존재한다는 건 그 옛날 누군가에 의해 유전적 변형이 이루어졌던 겁니다!!! 🐼

옥수수는 세부적으론 여러 종이 있지만 각 종마다 전 세계 동일한 유전자(DNA)를 갖고 있기에, 만약 옥수수에 치명적인 해충이나 질병이 퍼지게 된다면 한순간에 옥수수란 식물 전체가 절멸하게 될 위험성이 늘 존재한답니다. 사실 많은 재배식물들이 유전자가 취약하긴 하죠.

그래서 이 옥수수 유전자 문제를 연구한 결과, 1만 년 전 멕시코 서부 평야 지역에서 처음 재배가 이루어졌을 거라는 것이 전문가들의 의견이라고 합니다. 아, 그 증거가 뭐냐고요?

멕시코 테우아칸 계곡에서 최초의 옥수수 화석이 발견되었고, 이후 오악사카 계곡에서도 발견되었는데, 탄소 연대 측정 결과, 약 9000년에서 1만 년 전 화석이라네요. 식물학적 증거로 지금껏 찾은 옥수수 화석 중엔 최고 오래된 것들이랍니다. 고고학자들 수고많심다~.

하지만 누가 이런 시도를 했는지, 어떻게 이게 성공했는지, 그 구체적 내용은 아직 규명 못한 것이 현실입니다.

다만 현재까지의 연구 결과로는 아직 문명이 발달하기 전 동굴에 거주하던 인디언 조상들이 수십 세대에 걸쳐 '테오신트' 중 수확이 잘 되는 것만 골라서 재배를 거듭한 결과, 전혀 새로운 품종으로 개량이 되지 않았나 생각한다고 합니다.

그런데 이후 백인들이 신대륙으로 왔을 당시에는 여러 부족마다 각기 다른 방식으로 옥수수를 키우고 있었고 매년 옥수수 신에게 경배를 드리고 있었다네요. 본인들의 조상이 창조해낸 곡식인데 말이죠. 🐻

근데 1만 년 전이면 아직 인류의 4대 고대문명이 시작되기도 전! 인류 문명은 이보다 더 오래되었을 가능성이 크다는 것을 보여주는 또 하나의 사례이기도 합니다.

과연 고대 멕시코인들은 어떻게 인류 최초의 유전자 변형 식물을 창조해냈던 걸까요? 우리가 알게 모르게 가장 많이 먹고 있는 옥수수에 얽힌 놀라운 비밀, 알고 나니 참 신기하죠?

05
떡볶이의 역사를 아십니까?

가벼운 간식 이야기도 하나 해보죠.

우리 국민은 물론 한국을 찾는 외국인들에게 별미로 꼽히는 대표적인 간식 중 하나가 바로 떡볶이인데요. 실은…… 우리가 요즘 먹는 고추장 떡볶이는 '가리지날'입니다. 🐻

단어를 다시 한 번 보세요. 떡을 볶은 요리여서 떡볶이인 건데, 우리가 먹는 건 볶은 게 아니라 삶은 거잖아요. 엄밀히는 '고추장양념 졸임 가래떡'이 올바른 표현일 거 같네요. (아이고, 의미없다~.)

원래 오리지날 떡볶이는 100여 년 전만 해도 왕실에서나 먹는 고급 간식이었답니다. 🐻 즉, 설날 떡국을 먹고 남은 가래떡에 소고기와 버섯 등을 같이 버무려 볶아서 내놓는 별미였단 거죠. 지금도 고급 한식당에서 궁중 떡볶이라고 나오는 게 원형에 가깝습니다.

(괜히 이름이 궁중떡볶이인 게 아니에요)

(고추장양념졸임 가래떡, 즉 떡볶이)

　재료를 보면 소고기, 표고버섯에 떡까지……. 어느 것 하나 고급이 아닌 재료가 없는 고급 요리이지요. 요즘 우리는 너무 일상에서 자주 봐서 떡에 대해 별 감흥이 없지만, 보릿고개가 존재하던 1960년대 이전만 해도 떡은 사치품에 가까운 고급 음식이기에 명절에나 먹을 수 있었답니다.

　추석 때마다 언론 기사에 자주 인용되는 게 "송편 5개를 먹으면 밥 한 공기 열량이다. 조심해라!"인데요. 떡이란 게 쌀을 거의 가루가 되도록 곱게 빻아서 압축한 거라 무지 열량이 높답니다. 그래서 조선시대에는 흉년이 들면 쌀로 술이나 떡을 못 만들게 선포하는 등 '쌀 갖고 장난치지 마!'라고 강제했고, 마을 유지의 잔칫날이면 온 동네주민이 일 거들어주고 일당으로 떡을 얻어 오고 했다지요. 예전엔 밀가루 역시 귀한 재료라 양반집네 잔치에서나 국수를 먹을 수 있었기에 잔치국수란 이름이 지금도 전해지지요.

　우리가 익히 아는 전래동화 '해님달님'에서도 엄마가 부잣집 잔치에서 하루 종일 일해주고 떡을 얻어 오다가 산에서 호랑이를 만났

는데 "떡 하나 주면 안 잡아먹지~!"하면서 떡 다 먹고 엄마도 잡아
먹…… 흑! 슬퍼요. 🐻

기름떡볶이의 유래

이처럼 궁중 별미이던 떡볶이는 어떻게 값싼 거리 음식이 되었을까
요?

이는 일제시대인 1926년 순종이 승하하신 후 궁중 내시, 나인들
이 쫓겨나 생존 차원에서 시장에서 음식점을 차리면서 세간에 널리
알려지기 시작했다고 합니다. 특히 경복궁 바로 옆, 통인시장에서
가게를 연 모 나인이 궁중간식인 떡볶이를 선보이기 시작했는데 이
게 바로 요즘 인기를 모으는 '기름떡볶이'의 출발이지요.

기름떡볶이는 미리 만드는 게 아니라 주문을 하면 그 자리에서
떡을 볶습니다. 소스는 간장과 고추, 두 가지인데 동시에 시키면 깻
잎전을 추가로 줘요. 🐻 고추장이 아니라 고춧가루가 가득한 고추
기름을 바른다는 게 특색이고요, 맛은 첨엔 그저 그렇다가 점점 빠
져드는 매력이 있습니다.

당시엔 궁중식으로 간장맛 한 가지였다가 고춧가루 뿌린 떡볶이
는 나중에 개발했을 겁니다. 기록엔 남아 있지 않지만 그렇게 보는
근거는 이렇습니다.

조선 후기에 고추가 널리 보급되었다곤 하지만 고춧가루와 고추

장은 1930년대 전에는 매우 귀한 재료였기에 첨부터 고춧가루를 뿌린 떡볶이는 팔기 어려웠을 거예요. 왜냐면, 고추를 가루로 만드는 게 수작업으로는 매우 어렵기 때문입니다. 실제로 일제시대인 1920년대에 제분기계가 본격 보급되기 전에는 우리가 지금 먹는 빨간 김장김치는 보기 드물었어요.

1930년대 평양에서 발간했다는 《조선 요리 대백과》라는 책에도 김장김치 레시피를 백김치 위에 고추를 잘게 실처럼 썰어서 넣는 방식을 표준으로 적을 정도로 고춧가루 보급은 더디었다고 하죠.

고추장 떡볶이의 유래

자, 그럼 우리가 현재 먹는 주류 고추장 떡볶이는 언제 개발되었을까요?

그건 1953년 고(故)마복림 할머니가 신당동에서 시작한 게 시초라고 하죠.

6.25 동란 시대에 나왔으니 고추장 떡볶이는 부대찌개와 거의 동년배입니다. 그런데 이 고추장 떡볶이가 전국으로 확산된 건 미국에서 원조한 밀가루 때문이었습니다. 당시 6.25전쟁 여파로 미국으로부터 밀가루가 원조물품으로 많이 들어오면서 쌀이 아닌 밀가루 떡이 대량 보급되기 시작했고, 고춧가루와 밀가루가 혼연일체가 된 고추장도 본격적으로 보급되었기 때문에 값싸게 먹을 수 있는 고추장

떡볶이가 가능해진 겁니다.

이후 이 서울 토박이 요리는 전국으로 퍼져 나가 동네 문방구 앞 꼬맹이들의 간식대장을 차지하다가 대표적인 불량식품으로 찍혀서 한동안 단속 대상이 되었죠.(어허~! 이 요리를 말씀드리면, 왕이 드시던 별미였단 말이다. 이것들아!)

최근에는 각종 프랜차이즈 브랜드로 거듭나고 한식 세계화 사업에 포함되어 표준 레시피를 만든다고 하는 상황이 되었습니다. (근데 이미 동남아에선 현지 화교들과 일식당들이 한식 메뉴 점령 완료! 이 어쩔~.)

그런데, 정부이건 업계이건 떡볶이를 대표적인 서민 음식으로만 알릴뿐, 100년 전에는 왕족이 먹던 궁중음식이었으나 이제는 누구나 먹을 수 있게 되었다는 스토리텔링 홍보는 안 하고 있네요. 사실 서양인들은 맵거나 찰진 음식이 별로 없다 보니 식감이 이상하다고 생각해 떡볶이를 좋아하기까진 시간이 많이 걸리는데 이런 스토리를 어필하는 게 어떨까 싶네요.

피자 유행은 미국에서

음식 스토리텔링 관련해서는 이탈리아 지방 요리를 넘어 세계적 요리가 된 피자 사례를 참고해볼 만합니다. 원래 피자는 이탈리아 남부 향토음식이었어요.

1889년 이탈리아 통일 후, 마르게리타 왕비가 나폴리를 방문하는 것을 기념해 이탈리아 3색 국기 색상을 응용해 토마토, 바질, 모짜렐라 치즈로 만든 '마르게리타 피자'를 선보여 왕비님의 호평을 받았다지요. 하지만 이탈리아 통일을 주도한 북부 이탈리아인들은 여전히 피자를 사랑하지 않았다고 해요.

(이탈리아 3색 국기 색상을 응용해 만든 마르게리타 피자)

그러던 차에 20세기 초 가난에 못 이긴 이탈리아 남부 사람들이 미국으로 이민 가 피자 가게를 열면서 미국에선 으레 이탈리아 요리하면 피자가 떠올려지게 되었죠. 이들 주방장이 얘기하는 마르게리타 왕비의 나폴리 방문 스토리가 널리 알려져 제2차 세계대전 이후 이탈리아에 주둔한 미군들이 로마 시내에서 "피자를 왜 안 파느냐!"고 계속 찾는 통에 오히려 피자 문화가 본토에 역수입되었고, 이후 세계적 요리가 된 거예요. 실제로 북부 이탈리아 지방에선 단 한 번도 피자를 안 먹어본 노인들이 지금도 많다고 하네요. 그럼 그들은 뭘 주로 먹냐고요?

'피자는 가난뱅이 남쪽 놈들이나 먹는 요리'라며 이탈리아 북부 지역에서만 생산되는 쌀로 만든 라자냐를 먹어요.

음……, 그래서 그런지 비만고양이 가필드도 라자냐를 사랑하긴 하지요. 🐻

(이탈리아 북부지역 사람들이 좋아하는 라자냐)

유럽에선 스페인 해안지역과 이탈리아 북부에서만 쌀농사가 가능해 스페인은 '빠에야', 이탈리아는 '라자냐'라고 하는 고유의 음식이 만들어지죠.

그나저나 앞서 소개한 통인시장 기름떡볶이는 지난 2014년 2월, 당시 존 케리(John Kerry) 미국 국무부 장관이 시식해 주목을 받았는데요.

저는 이 기사를 보면서 '야~, 미국 대사관, 한국 문화에 대해 생각보다 더 자세히 알고 있구나!'하면서 놀랐습니다. '흔한 가리지날이 아닌 오리지날 떡볶이를 찾아 먹일 생각을 하다니……'

그런데 당시 존 케리 국무장관의 방문에는 작은 에피소드가 있습니다. 원래 이들이 가려던 곳은 '원조할머니 떡볶이집'이었는데, 미국 대사관 측이 이틀 전에 미리 높은 분이 온다고 준비를 당부했지만, 올지 안 올지 확답을 주지 않은데다가 그날 손님이 많자 주인 할머니가 몽땅 다 팔아버린 것입니다.

다시 만들면 되는 거 아닌가 싶지만 고추장 떡볶이와 달리 사전에 간장에 재웠다가 초벌 볶음해야 하는 등 준비 시간이 오래 걸려서 새로 만들기가 쉽지 않대요. 온라인 상에선 '떡볶이 주인 할매의 기개'라고 화제가 되었죠.

그래서 결국 부랴부랴 옆 '효자동 옛날 떡볶이' 가게에 들러 시식했다고 하죠.

이상 군침만 돌게 한 떡볶이 이야기 끝~!

06
성공한 우리나라 퓨전요리

요즘은 우리 문화와 음식에 대한 긍지가 올라가면서 별로 언급되지 않지만, 1990년대엔 한식과 양식이 결합한 퓨전요리 열풍이 분 적이 있었지요. 당시 '된장 소스 햄버거' 등 별 희한한 요리가 다 등장했지만 별로 성공한 사례는 없어 보입니다.

부대찌개의 역사

그런데 우리나라에서 가장 성공한 퓨전요리는 뭐라고 생각하세요? 양식과 결합한 퓨전요리로는 뭐니 뭐니해도 부대찌개가 가장 성공한 요리인 것 같습니다.

세계 각국마다 전쟁에서 유래한 요리가 많긴 한데, 부대찌개는 6.25 전쟁의 여파로 만들어진 가슴 아픈 요리이지요. 당시 먹고 살기 힘든 여건에서 미군 부대에서 얻어 온 소시지, 햄, 강낭콩 통조림을 가져다 김치 등과 섞어 만든 꿀꿀이죽 또는 존

(부대찌개. 이모님, 여기 라면사리 추가요~)

슨탕에서 유래한 거라 이름이 미군 부대 + 찌개입니다.

하지만 6.25전쟁 때 피난 오신 아버지께 여쭸더니 당시엔 그런 요리가 있는 줄도 몰랐다고 하시더군요. 실상 부대찌개에 들어가는 재료가 아무리 미군 부대에서 유출된 것이라 하더라도 그 당시 어느 정도 여유가 있는 사람이나 먹을 수 있던 거라 서민 요리라고 여기긴 어려웠다네요. 실제로 부대찌개가 전국적으로 유행하기 시작한 건 1980년대 이후였다고 하지요.

짜장면의 역사

이처럼 양식 영역의 대표 퓨전요리가 부대찌개라면 중국요리와의 퓨전 최고봉은 단연 '짜장면'이지요.

하지만 우리가 먹는 짜장면은 '가리지날'……. 오리지날 산동성

(짜장면. 캐러멜이 들어가 검은 색 소스)

(중국 짜장면. 붉고 물기가 적은 소스)

짜장면, '차오장멘(炒醬麵)'은 붉은 고기춘장 소스를 얹어 먹는 면 요리입니다.

한국 짜장면은 중국식 된장인 춘장에 캐러멜을 섞어 짭짤하면서 단맛을 낸 거라 중국 현지 짜장면과는 완전 다른 맛이라고 합니다.

1883년 인천 제물포항이 개항한 후, 여러 토목사업이 벌어지면서 중국 산동성 거주민들이 대거 인천에 몰려와 근로자로 일하며 지금 의 인천역 앞 차이나타운을 형성합니다. 이들 중국인 근로자들을 대 상으로 한 청요리 식당들이 경쟁하면서 기존 춘장에 캐러멜을 섞어 짭짤하면서도 달콤한 새로운 요리가 탄생했으니, 이것이 지금의 한 국식 차오장멘, 짜장면이지요.

그런데…… 많은 분들이 짜장면을 만든 식당 이름을 '공화춘'이 라고 아시는데, 이건 '가리지날'입니다. 1905년 짜장면 탄생 당시 식 당 이름은 '산동회관'입니다.

'산동회관'은 산동성 출신 우희광 사장이 만든 중국요리점인데, 신해혁명(1911)이 일어나 청 왕조가 무너지고 공화정을 표방한 중화

민국이 탄생하자, 이를 기념해 1912년 '공화국의 봄'을 의미하는 '공화춘(共和春)'으로 가게 이름을 바꾼 겁니다.(지금은 짜장면 박물관이 되었지요.)

이처럼 짜장면은 중국요리에 기반한 퓨전요리이지만 여전히 중국식당에서 팔고 있으니 다들 원래부터 중국요리라고 생각하시는 거지요. 🐻 하지만 그 원조식당 공화춘은 이미 1983년 망하고 없다는 게 아쉽네요. 일본 나가사키 짬뽕 원조집은 5층 건물로 으리으리하게 짓고 장사 잘 되는데 말이지요.

그런데 짜장면은 원래 비싼 요리였어요. 1970년대까지는 설렁탕, 갈비탕보다 비싼 요리여서 학교 졸업할 때나 온 가족이 중국집에서 외식할 수 있을 정도로 부담스런 가격이었어요. 하지만 정부가 화교들의 경제력을 약화시키고자 시행한 여러 대책 중 하나로 부동산 소유 금지와 함께 중국요리 가격 제한 정책을 실시하면서 계속 억제했었지요.

그래서 오랫동안 한국 지하 경제의 큰손이던 화교들이 대거 빠져나가 웬만한 나라에는 다 있는 차이나타운이 오랫동안 한국에선 사라지게 됩니다. 반면 그런 강력한 정책을 시행하지 못한 동남아에선 지금도 화교들이 경제를 좌지우지하고 있지요.

족발의 역사

또한 중식과 연관된 퓨전요리로는 '족발'도 빼놓을 수 없지요.

엥? 족발이 우리 전통요리가 아닌 퓨전요리라고요? 🐻

네, 맞습니다. 족발은 '가리지날'입니다. 오리지날은 중국요리 오향장육입니다.

그런데 딴 퓨전요리처럼 뭔가를 더한 게 아니라, 오향장육 소스에서 우리나라 사람들이 싫어하는 향초 등을 빼고 만든 게 족발이에요. 🐻

오향장육은 오향(五香, 초피 · 팔각 · 회향 · 정향 · 계피)에 간장(醬)을 더한 국물에 돼지고기(肉)를 조려낸 음식이란 뜻인데요. 오리지날 중국요리 오향장육은 족발이 아닌 삼겹살 부위를 사용해요. 이 오향 중에 한국인이 싫어하는 몇 가지 향신료를 빼고 간장맛에 설탕의 단맛, 생강의 싸한맛, 여러 한약재의 향이 더해져 족발이 만들어지게 되는 거지요.

(가리지날 족발)

(오리지날은 중국 요리 오향장육)

게다가 족발은 부대찌개보다도 그 역사가 더 짧아요. 제가 장충동 원조할머니집에 가서 직접 물어본 바, 1963년 장충동에서 식당을 하시던 할머니들이 처음 만들었기 때문에 지금도 장충동이 족발 원조 타운이 된 거지요. 부대찌개보다도 10년 후배 되시겠습니다.

근데 족발 개발의 역사도 가슴 아픕니다. 1960년대 아직 변변한 수출상품이 없던 시기에 일본으로 돼지고기와 닭고기 수출이 성사되면서 축산사업이 확대되기 시작했다고 합니다. 그런데 일본인들이 돼지 몸체만 수입해 족발이 아주 헐값에 대량으로 나오게 되자, 마장동 도축장에서 가까운 충무로 시장 고깃집에서 이 족발을 가지고 중국 오향장육 소스를 한국화한 게 대성공을 거두게 된 거예요.

그래서 충무로 시장골목은 사라졌어도 대로변의 식당들은 족발집으로 지금껏 번성하게 된 거지요. 최근엔 각지에서 여러 다양한 비법이 개발되면서 각 지역마다 맛있는 족발집이 많은데, 족발집 사장으로 성공한 선배로부터 들은 족발을 맛있게 먹는 팁을 공유합니다.

(1) 족발은 명절 때나 방학 기간은 가급적 피해서 먹는다

족발로 유명한 식당은 그날 새벽에 도축장에서 잡은 신선한 족발을 공급받아 쓴답니다. 그런데 족발은 어디까지나 돼지를 도축한 후 남는 부위이기 때문에 학생 급식이 없는 여름, 겨울 기간엔 돼지를 적게 도축한다네요. 그래서 족발 공급이 달리기 때문에 수입 냉동족발을 섞어 파는 경우가 있대요. 그러면 아무래도 맛이 떨어지겠지요? 특

히나 명절 기간에는 소만 집중적으로 도축하기 때문에 족발은 공급이 거의 되지 않는다고 합니다.

(2) 족발은 앞발이 맛있다

이건 다들 아시는 거지만, 돼지는 앞발에 더 많은 부하가 실려 지방이 적고 쫄깃해요.

(3) 지나치게 달거나 까만 족발은 피한다

원래 족발의 단맛은 간장과 비법 한약소스에서 우러나야 한다네요. 그런데 일부 족발집이나 편의점 족발 중에 유독 새까맣고 단맛이 강한 족발이 있는데, 그런 경우는 대부분 캐러멜이나 콜라로 돼지 잡내를 잡은 것이라 몸에 안 좋겠지요?

이제 족발 드실 때 저 팁을 잘 기억했다가 드시면 좋겠네요. 아참! 돼지 발은 족발인데 그럼 소 발은 뭐라고 하는지 아세요? 우족(牛足)이랍니다. 돼지보다 소를 더 우대한 조상들의 언어 습관이 남아 있는 거지요. 🐻

좀 더 설명드리면, 예전 조상님들은 동물 명칭 뒤에 '+ㅇ아지'란 접미사를 붙여 아기 동물을 표현했기에 우리와 친숙한 동물의 새끼는 별도 명칭이 있지요. 그래서 아기 소는 '소 + ㅇ아지 = 송아지', 아기 말은 '마 + ㅇ아지 = 망아지'라 불린 반면, 별로 인간과 친하지 않은 아기 돼지는 뭐, 그냥 돼지새끼가 되었죠. 또 개는 원래 '가희 〉가히 〉가이 〉개'라 변했기에 아기 개는 '가 + ㅇ아지 = 강아지'가 되었지만 예전엔 가축으로 키우지 않은 아기 고양이는 그저

고양이새끼. 🐻

이는 영어권에선 '에트(-ette)'란 접미사로 작은 것이나 여성을 표현한 거랑 비슷해요.

아기 돼지는 pig+ette = piglette 피그렛

여자 스머프는 smurf+ette = smurfette 스머페트

작은 접시는 disk+ette = diskette 디스켓

작은 담배는 ciga+ette = cigarette 시가렛 (궐련담배 '시가'보다 작음)

이제 아시겠다고요?

그런데……, 왜 아기 닭은 달가지가 아니라 병아리냐고요? 헐~, 제가 뭘 다 아나요. 웃자고 썼는데 진지하게 나오시면 곤란합니다. 얼른 다른 이야기로 넘어가야지. 🐻

아구찜, 빨간 배추김치, 김밥의 역사

이 외에도 우리가 즐겨 먹는 한식 요리 중 그 역사가 의외로 짧은 것이 많답니다.

마산아구찜도 부대찌개보다 늦게 1960년대에 개발된 음식이고요. 우리의 대표 음식, 빨간 배추김치의 레시피 역시 그 역사가 100년이 안 된 거지요. 조선 말까지 고추를 잘게 가루로 만들 기술이 없

(마산아구찜.
이젠 창원아구찜이라
불러야 하나?)

어 소금에 절인 후 실고추로 버무렸다고 하네요. 앞서 떡볶이 때 언급한 것처럼 실제로 고추를 가루로 잘게 빻을 수 있게 된 건 기계식 제분기가 발명된 1920년대 중반 이후입니다.

또한 김밥 역시 그 역사가 80여 년에 불과하답니다.

김은 오랜 옛날부터 먹어오긴 했지만 파래처럼 기다란 해초류인지라 반찬 종류로 만들어 먹었다고 하죠. 기록에 의하면 우리는 조선시대 초기부터 양식 생산해왔는데, 일본은 임진왜란 이후인 에도시대에 이르러서야 김 양식을 했다고 하니 우리가 김 양식은 앞섰던 것으로 보입니다.

다만 김을 말려 네모나게 종이처럼 만들게 된 건 20세기 초반 일본인이 개발한 것이었고, 일본 현지에선 김을 양식하기 어려워 매우 비싼 재료에 속하기 때문에 삼각 주먹밥에 김을 얇게 붙인 일본식 삼각김밥(오니기리)이 김을 붙인 김밥류의 첫 시작이라고 한다네요.

참고로, 밥 위에 날생선이 올라간 스시는 오사카가 있는 관서지역이 원조인 반면(회전초밥집도 오사카에서 처음 개발된 거예요.), 일식

집에서 마무리로 나오는 마끼(김을 말아서 밥과 양념을 넣은)나 데까마끼(생선말이 김밥)는 도쿄가 있는 관동지역에서 시작한 겁니다. 김초밥(海苔卷, 노리마끼스시) 명칭에서도 굵은 김초밥(太卷, 후도마끼스시) 등 다양하게 세분화해 우리보다 앞섰던 것을 알 수 있습니다.

(김밥은 꽁다리가 진리~)

(오리지날 오니기리)

　하지만 우리나라는 일본에 비해 김을 양식하기 좋은 환경이고 부드러운 특성이 있어 쩨쩨하게 김을 조금만 붙이지 않고 김 한 장을 돌돌 말아도 싸게 먹을 수 있었기에 식초 대신 참기름을 사용하는 한국 고유의 김밥으로 발전해온 것이고, 지금도 새로운 김밥들이 개발되고 있는 거랍니다.

　일제시대엔 조상님들이 우리나라식 김밥을 노리마키라고 흔히 불렀다고 합니다. 참고로 '벤또'가 새로운 명칭 '도시락'으로 불리게 된 것도 해방 후의 일이었지요.

　과거 1950~60년대 미국 공항에 도착한 한국 여행객들의 짐을 조사하던 미국 세관원이 정체불명의 까만 종이 뭉치를 보면서 "대체 이게 뭐냐?"고 취조한 경우도 많았다고 하죠. 당시 말이 안 통해 가슴을 치던 한 할매가 직접 김을 먹는 시범을 보여주자 종이를 먹는 줄 알고 기겁을 했다는 슬픈 에피소드가 전해지고 있습니다.

가끔 해외에서 김밥을 '코리안 스시(Korean Sushi)'라고 표기하는데, 기분은 나쁘지만 근원을 따져 보면 맞는 표현이기도 하고 그렇습니다. 문제는 많은 한국 교민들이 이 표현을 지금도 쓰고 있고 식당 체인점 이름으로도 쓰고 있는데, 우리나라 김밥은 한국 고유 요리인 만큼 '김밥(Gimbap)'이란 이름을 널리 알려야겠지요?

이처럼 우리가 자주 먹는 한식 중에도 알고 보면 그 유래가 재미난 게 많답니다.

우리 직장인들도 평소 업무 시, 기존에 익숙하던 것들을 다른 시각으로 다시 보면 새로운 아이디어가 나오지 않을까요?

07
일본 퓨전요리를 알아봅시다

앞서 우리나라에서 성공한 퓨전요리를 꼽아 봤는데, 옆 나라 일본에
서 성공한 후 우리나라에서도 잘 나가는 퓨전요리들도 많지요.

짬뽕의 역사

가장 먼저 손꼽아 볼 것은 짬뽕이 있습니다.

현재 우리가 흔히 먹는 빨간 국물의 해물
짬뽕은 사실 '가리지날'입니다. 오리지날은 뻘
않고 하얀 국물의 '나가사키 짬뽕'입니다.

짜장면이 퓨전요리이듯, 짬뽕 역시 1899년
일본 나가사키의 한 중국집에서 개발한 퓨전요

(국물이 뽀얀 나가
사키 짬뽕)

리입니다. 공화춘 짜장면보다는 6년 선배 되시겠습니다.

사실 그동안 한국을 찾은 일본 관광객들은 짬뽕마저 빨간 색인 것에 경악을 금치 못했다지요. 일본 짬뽕은 나가사키 짬뽕에서 기원해 다 하얗거든요. 🐻

일본인 : "한국은 짬뽕도 빨갔스무니다. 🦉 매운 거 열라 좋아하므니다. 한번 먹어봤더니 다음날 똥꼬가 따갑시마스. 🐼"

그런데 우리나라 인천 차이나타운의 공화춘은 이미 망한 지 오래인 반면, 나가사키 짬뽕을 최초로 만든 중국집은 여전히 성업 중입니다. 그런 점에서 대대로 가게 전통을 이어오는 일본이 부럽긴 합니다.

나가사키에 가면 '글로버 가든(일본 발음으론 구라바 엔)'이라는 유명 관광지가 있는데요. 그 근처에 사카이루(四海樓)라는 5층짜리 중국집이 원조입니다.

19세기 말 나가사키에는 많은 중국 유학생이 신문물을 배우기 위해 유학을 왔다네요. 돈 없고 가난한 이들 동포 청년들을 위해 1899년 사카이루 초대 사장인 친헤이준(陳平順)이 저녁 마감시간이면 그날 쓰다 남은 야채와 해산물을 다 쏟아 부은 우동을 싸게 팔기 시작해 많은 중국 학생들이 허기진 배를 채울 수 있게 되었는데 이게 짬뽕의 시작이었답니다.

하지만 짬뽕이란 이름 역시 '가리지날'.

원래 이름은 짬뽕이 아니라 시나우동이었대요. 즉 '중국식 우동' 이었어요. 당시 일본인들은 중국을 시나(지나, 支那)라 불렀거든요. 차이나(China)와 마찬가지로 최초의 통일국가 진(秦)나라에서 유래한 명칭이지요. 이 집 주인이 복건성 출신이라 복건성 학생들이 식당에 들어와 그네들 사투리 인사말인 "차폰"이라고 인사한 후 이 우동을 먹는 것을 본 일본인들이 "아! 저 우동 비스무리한 거 이름이 짬뽕(ちゃんぽん)이구나!"라고 오해하면서 자연스레 짬뽕이 된 거랍니다. 🐻

그게 퍼지고 퍼져 현재 나가사키에만도 1,000여 개의 짬뽕집이 성업 중인데, "짬뽕맛을 못 내면 가게를 접어야 한다."고 할 만큼 경쟁이 치열하다네요.

실제 지난 2010년 규슈 여행 시 이 사카이루에서 먹어봤는데요, 오리지날 나가사키 짬뽕만큼 인기 있는 메뉴가 또 하나 있어요.

'사라우동(접시우동)'. 튀긴 면 위에 걸쭉한 짬뽕 건더기를 얹은 이 메뉴는 여성들이 좋아한다고 하네요.

이처럼 젊은 중국 유학생을 위한 마음에서 출발한 이 음식은 이제 한국에서는 붉은 고추를 추가하면서 짜장면과 함께 가장 대표적인 중국 음식으로 사랑받고 있어요.

2011년에는 삼양식품에서

(가운데가 나가사키 짬뽕, 오른쪽이 사라 우동, 왼쪽은 야끼만두)

(우리나라 최초의 라면은 꼬꼬면 조상님이었따! 영어 표기는 일본식으로 라멘이라고 했네요.)
(출처_삼양식품 홈페이지)

도 인스턴트 짬뽕라면을 개발해 큰 사랑을 받고 있지요.

삼양식품은 1963년 9월 우리나라에서 최초로 라면을 만든 기업입니다. 그러고 보니 벌써 라면이 도입된 지 50년이 넘었네요.

근데, 당시 일본으로부터 기술을 수입해 만든 최초의 삼양라면이 뭔지 아십니까? 바로 치킨맛 라면입니다. 즉, 우리가 최초로 만난 인스턴트 라면이 '꼬꼬면'의 조상님이었단 거죠. 🐻

카레라이스의 역사

이외에 또 일본이 만든 퓨전요리로는 카레라이스가 유명하죠. 우리가 즐겨 먹는 카레는 인도에서 유래했다고 알고 있지만 그건 소스가 그렇단 거고, 이 카레소스를 밥에 얹어 먹는 카레라이스를 개발한 건 19세기 중반 일본입니다.

요새 우리나라에도 '고베식당'이란 이름의 카레가 팔리고 있는데 카레라이스는 오사카 서쪽의 항구도시, 고베가 원조 도시입니다.

고베가 카레라이스의 원조가 된 것은 일본인의 오해 때문이었습니다. 그 이야기는 이렇습니다.

1853년 미국 흑선(쿠로후네)이 도쿄만에 등장해 공갈협박(?)을 일삼아 개항에 성공하자, 영국은 오사카 앞 고베항으로 군함을 보냅니다. 이에 영국과도 통상 협약을 맺으러 간 일본 관리들은 영국인들이 빵과 함께 요상한 수프를 먹는 것을 보게 됩니다. 원래 영국 해군은 빵과 함께 소고기 스프를 먹었는데, 스프에 넣는 우유가 쉽게 상했는지라 대체 식품을 찾다가 식민지 인도인들이 즐겨 먹는 커리가 잘 상하지 않는다는 점에 착안해 인도 커리에 소고기를 넣어 소고기 커리 수프를 만들어 먹고 있었다지요. 그래서 이때 일본인들이 이 양념을 얻어 가게 됩니다.

  일본 관리 : "존슨 상! 요 누리끼리 양념을 좀 얻어가도 되겠스므니쁜?"

  영국 관리 : "오~. 노 프로블럼! 맘껏 그러시글랜드."

  일본 관리 : "요 양념 이름이 무엇이므니쁜?"

  영국 관리 : "커리(CURRY)라 부를랜드."

  일본 관리 : "어……, 뭐라 캤더니쁜? '카레(ヵレ-)'라 했더니쁜?"

  그래서 저 키 크고 훤칠한 영국인들이 즐겨 먹는 서양 음식을 현지화하자는 일본인들의 생각에서 카레를 밥에 부어 먹는 퓨전요리가 탄생하는데, 최초엔 '라이스카레'라 불리었다 합니다.

  하지만 아뿔싸! 1902년 영국과 군사협정인 영일동맹을 맺고 영국 군대에 간 일본 군 사찰단들은 그게 영국 요리가 아닌 인도 요리란

(러일전쟁 묘사도)

걸 알게 됩니다. 즉, 일본인들이 열등하다고 여기는 인도 사람들이 먹는 양념인 줄 알았더라면 이처럼 카레라이스를 만들지 않았을 거라는 거죠. 🐻

실제로 불과 20년 전만 해도 일본인들은 김치도 냄새나는 요리라고 멸시하다가 한국의 경제가 성장하고 교류가 빈번해지자 '기무치'를 먹기 시작했지요. 사실 우리도 따지고 보면 못사는 나라의 요리는 오랫동안 무시하지 않았습니까. 🐻

하지만 1904년 러일전쟁이 터지면서 카레라이스는 일본군의 중요 보급품이 됩니다. 당시 일본인들은 하얀 쌀밥에 반찬 조금만 얹어서 먹다 보니 군인들도 밥만 꾸역꾸역 먹어 단백질, 비타민 부족으로 각기병이 도는 등 체력 저하로 문제가 많았습니다. 그래서 당시 부상자의 44퍼센트인 11만 명이 전투 중 손상이 아니라 각기병을 앓았다네요.

웃기는 건 당시 일본군이 밥은 제공하되 반찬은 알아서 현지에서

사 먹으라고 돈을 줬다네요. 전쟁터에 무슨 반찬가게가 있는 것도 아니고…… 🐻

이때 일본 육군과 해군은 라이벌 관계인지라 각기병의 원인을 찾기 위해 경쟁이 붙었는데, 해군 군의관이던 다카키 가네히로(高木兼寬)가 도정한 흰쌀밥엔 비타민B1이 부족하기 때문이라는 사실을 발견하게 됩니다. 우리나라도 1970년대에 흰 쌀밥만 먹으면 각기병 걸린다고 잡곡밥 도시락 싸오라고 해서 선생님들이 일일이 도시락 검사를 했지요. 당시 흰밥을 싸온 학생들은 밥을 못 먹게 했습니다. 🐻

이에 다카키 군의관은 쌀밥 대신 보리밥이나 현미밥 같은 잡곡밥을 먹거나, 쌀밥과 함께 고기와 채소를 충분히 먹거나, 서양처럼 빵과 수프를 먹으면 해결된다는 방안을 제시하게 됩니다. 이에 일본 군당국은 서양인처럼 덩치 크고 힘 세지라며 빵과 수프를 줬더니 군인들이 "아니 왜 밥 대신 간식을 주나니뽄!"이라며 집단 항의. 이에 잡곡밥을 줬더니만 다시금 "흰쌀밥 많이 준다고 해서 군대 왔다니뽄!"이라며 집단 항의. 진퇴양난에 빠집니다. 아 놔~, 뭘 먹여야 하나…… 🐻

이때 드디어 짜잔~! 고체형 카레라이스가 대안으로 떠오릅니다.

커리가루에 밀가루를 걸쭉하게 섞어 고체형으로 만들면 가지고 다니기 편하고 보관도 용이할 뿐 아니라 여러 재료와 섞어서 먹을 수 있기에 카레라이스를 적극 권장하게 됩니다.

기존 영국 해군은 오리지날 멀건 커리 스프를 먹다가 배가 흔들리면 쏟기 일쑤였지만 일본 해군은 밀가루를 추가해 걸쭉해진 카레

(고체형 카레. 저걸 물에 녹여서 다른 재료를 섞어서 요리하죠.)

라이스를 흘리지 않고 먹게 됩니다. 일본인들의 응용력은 이미 100여 년 전부터 이렇게 나타나는 군요.

이후에도 밀가루를 먹으면 서양인들처럼 키도 커지고 힘도 세질 것이라 굳게 믿은 일본 군부는 지속적인 개발을 통해 중일전쟁 당시, 서양 비스킷을 응용해 더 보관도 용이하고 비타민과 단백질을 보충할 수 있는 건빵을 개발합니다.

뻑뻑한 건빵만 먹다가 목메지 말라고 별사탕을 함께 주게 되지요. 이 비상식량은 해방 이후 한국 군인들에게도 주요한 보급품이 되고 현재 중국 군도 건빵을 전투식량으로 쓴다는 군요. 건빵의 단짝 친구, 별사탕도 또 다른 일본 퓨전음식인데 건빵이나 카레라이스에 비하면 엄청난 대선배예요. 포르투갈과 교역을 하면서 들여온 설탕으로 만든 간식에서 시작한 거라 무려 400여 년에 이르는 역사를 갖고 있는데, 초기엔 쇼군과 주요 대신들이나 먹는 귀한 디저트였다고 합니다.

이처럼 일본 군에 의해 카레라이스가 권장되면서 1920년대에 일본 국민들에게 널리 퍼지게 되는데 초기엔 노란 카레가 주류였으나 최근엔 갈색 카레를 주로 먹고 있는데요.

원래 커리나무 열매는 녹색이라고 하네요. 거기에 어떤 재료를 추가하느냐에 따라 다양한 색깔과 맛을 내게 되고, 이런 다양한 커리소스가 인도 현지에 존재하지요.

우리나라 역시 1920년대 일본에서 도입되었으나 오랫동안 O사의 노란 카레가 대세였던지라, 2000년대 중반 타 식품업체들이 원조 인도 카레는 노랗지 않다며 갈색, 빨간색 카레를 선보이면서 노란 카레는 짝퉁이라고 공격을 해옵니다.

그래서 골머리를 앓던 O사. 2009년 어느 날 갑자기 놀라운 기사를 보게 됩니다.

"삼성서울병원 최한용 교수팀, 카레 주성분 강황 속 커큐민이 전립선암 예방에 효과 있다고 발표."

이에 노란색 강황이 들어간 카레가 몸에 좋은 카레라고 대대적으로 어필하면서 다시 인기를 회복하고 이제는 발효강황 카레까지 만드는 등 연일 승승장구하고 있습니다. 🐻

이처럼 일본인들이 영국 요리라고 오해한 데서 비롯된 카레라이스가 이제는 우리 식탁에도 건강 지킴이가 되었네요.

08
키위와 키위새

너무 음식 이야기가 많았나요? 가볍게 후식 이야기도 하나 할까 합니다. 요즘엔 후식보다는 디저트라 많이들 부르시는데, 디저트의 반대말이 뭔지 아세요?

아, 에피타이저요? 아닙니다. '앞저트'입니다. 뒤에 먹는 건 '뒤저트', 그러니 앞에 먹는 건 앞저트. 우리 어머니가 자주 쓰시는 우스갯소리인데 한번 소개해봤습니다. 🐻

1980년대 초만 해도 국내에서 바나나, 파인애플 같은 수입 과일은 생일이 아니면 먹기 힘든 비싼 과일이었지요. 이후 수입 자율화가 되면서 이제는 오히려 국내 과일보다 싸졌고, 한미자유무역협상(FTA) 후 미국산 체리가 국민 과일이 되어가고 있긴 합니다.

이 같은 수입 과일 중 달달한 맛과 함께 건강에 좋다는 이유로 비싼 가격에도 잘 팔리는 키위는, 처음엔 그린키 위만 있더니 더 달달한 골드키 위까지 인기를 끌고 있지요.

(원래 이름이 차이니즈 구스베리인 키위)

근데……, 이 키위란 과일 이름은 '가리지 날'입니다. 🐻

원래 이 과일의 고향이 어딘지 아세요? 남중국이래요. 원래 오리지날 중국 이름은 '양따오(羊桃)', 서양에선 '차이니즈 구스베리(Chinese gooseberry)'.

그리 널리 알려진 과일도 아니고 지금처럼 크고 단 과일이 아니었대요.

그런데 이게 1906년 뉴질랜드로 넘어갔는데 날씨와 토양이 딱 맞아 잘 재배된다는 사실이 입증되었고, 헤이워드(Hayward)란 뉴질랜드 종묘업자가 20여 년간 꾸준히 개량한 덕에 크기도 굵어지고 당도도 올라가 1940년대에 현재 우리가 먹는 품종으로 대량 재배에 성공합니다. 그동안 양만 팔던 뉴질랜드로서는 이 과일을 새 수출상품으로 주목하게 됩니다.

이에 1952년 영국에서 첫 선을 보여 호평을 받자 뉴질랜드 농민들은 이 새 수출상품을 들고 야심차게 세계 최대 시장인 미국 시장에 팔러 갑니다.

그런데……, 이때는 동서 냉전시대. 이 과일 이름이 문제가 됩니다.

> 뉴질랜드 농민 : "이거 끝내주게 맛있는 과일이질랜드~. 한번 먹어봐라랜드."
>
> 미쿡 수입상 : "맛은 상콤하네유에스에이~, 근데 이 과일 이름은 뭐냐리카?"
>
> 뉴질랜드 농민 : "차이니즈 구스베리(Chinese gooseberry)라 부른다랜드."
>
> 미쿡 수입상 : "뭐이? 어디서 공산국가 과일을 팔겠다고? 에잇~! 요새 중국 과일 대신 팔러올 정도로 어렵냐? 정신차리라나이티드~."
>
> 뉴질랜드 농민 : "아뇨. 원산지가 중국이고 재배는 뉴질랜드라니까랜드. 한번만 사주라랜드."
>
> 미쿡 수입상 : "원래 프롬 차이나쩨는 뭐가 차이나도 차이나~에이!"

이래서 수입금지 결정이 내려졌대요. 엉엉~. 키운 기간이 얼마고 재고가 얼만데……. 🐻

그래서 이들이 머리를 맞대고

(키위~키위~ 울어서
키위새라네요. 🐻)

150

논의하던 중, 뉴질랜드에만 사는 키위(kiwi)란 새의 몸통이 이 과일과 비스무리하단 사실을 깨달았어요. 키위새가 뉴질랜드에만 있는 새이다 보니 원래는 뉴질랜드 사람을 지칭하는 별명이기도 해요. 🐻

그래서 1960년대 '차이니즈 구스베리'란 이름 대신에 새로이 '키위'란 이름을 달았더니만 잘 팔리더래요. 🐻

이후 1997년 뉴질랜드 농민들이 '제스프리'란 마케팅 회사를 설립하면서 전 세계로 수출하게 되었고, 꾸준한 품종 개량으로 1998년부터는 당도가 더 높은 골드키위도 새로이 판매하기 시작한 거죠. 그러다 보니 오리지날 '키위새'는 잊혀진 존재가 되었답니다. 🐻

그리고 원산지 중국에는, 오히려 뉴질랜드 키위는 물론 우리나라 키위(참다래)까지 수출되는 상황이랍니다. 🐻 문제는 우리나라에 처음 이 과일이 소개될 때, 다래와 닮았다고 해서 키위 대신에 '양다래'라고 불렸지만, 어감이 좋지 않다고 하여 '참다래'로 바뀌게 되지요.

하지만 외래종인 키위가 '참다래'라고 불리면서 오리지날 다래는 '토종다래'라고 새로이 불리게 되는 지경이 되어, 마치 가리지날인 참다래가 진짜 다래인 것처럼 오인되는 상황이 되었네요. 이래저래 키위는 중국에서도, 한국에서도 가리지날이 되었네요.

이와 비슷한 예가 바로 참외인데요.

지금 우리가 보는 노란 참외는 '가리지날'입니다. 오리지날 참외는 녹색이었다지요.? 🐨 지금도 일부 지역에서 개구리참외라고 해서 팔리고 있다고 하네요.

(노란 참외)

원래 참외와 멜론은 사촌지간입니다.

멜론은 아프리카가 고향인 과일인데, 이게 중동을 거쳐 서양으로 간 것은 멜론이 되고, 인도와 중국을 거쳐 동양 기후에 적응한 것은 참외가 되었답니다. 통일신라시대에 들어온지라 조상님들이 오랫동안 사랑한 과일이었는데, 신사임당의 '초충도(草蟲圖)' 중 '참외와 메뚜기' 그림을 보면 확실히 녹색입니다.

(머스크 멜론)

하지만 일본에서 참외를 개량하면서 지금 우리가 보는 노란 겉면에 흰 줄이 들어간 '은천참외'가 만들어졌는데, 1957년 우리나라에 이 참외가 들어오면서 큰 변화가 일어났다고 하네요. 정작 일본에선 이후 수입

(재래종 참외)

된 멜론에 밀려 자취를 감춘 반면, 우리나라에서는 지속적인 품질 개량으로 신은천 등 당도 높은 참외가 사랑을 받으면서 최근 국제 공식

명칭도 '코리아 멜론(Korean Melon)'이라고 결정되었지요. 그동안 국제식품 분류에 포함되지 않아 수출이 곤란했었다는데, 이제 정식 명칭으로 굳어져 과일 한류가 될 모양입니다. 🐻

　과일 편은 정말 디저트처럼 간단히 끝~!

09
알고 마시자, 커피

디저트로 키위도 먹었으니, 마지막은 '커피'로 식생활 이야기를 마칠까 합니다.

거리마다 한 집 건너 커피전문점이 있을 정도로 이제는 커피가 거의 국민 음료가 되었는데요.

커피의 역사

커피의 역사는 약 1200년 정도여서, 술이나 차 등 여타 음료에 비해서는 비교적 짧은 편입니다.

커피는 9세기경 에티오피아에서 처음 시작되었다고 하죠. 원래

에티오피아 사람들은 커피콩을 그냥 끓여서 마셨다고 해요. 그러던 것이 지금처럼 볶아서 먹게 된 데에는 전설처럼 전해오는 이야기가 있습니다.

에티오피아에서 아라비아로 순례 여행을 가던 어떤 여행자가 커피콩을 자루에 담아서 길을 떠났는데, 어느 날 모닥불을 피우고 자던 중 콩이 든 자루가 홀랑 불에 타버렸다네요. 🐻 그래서 버리기 아까웠던 그 여행자가 불에 탄 콩을 끓여서 마셨는데 '오호라~' 더 맛있는 겁니다.

그래서 이후 아라비아와 이집트 등지로 새로운 커피콩 차 끓이기 기술이 전파되었는데, 신기하기도 이 차를 마시면 각성 효과가 있어 잠이 오지 않는다는 게 알려지면서 이슬람 수도자들이 밤샘 기도를 하기 위해 마시기 시작해 점차 일반 무슬림들에게도 널리 퍼졌답니다.

이후 오스만투르크 군이 이집트 맘루크왕조를 무너뜨리고 카이로에 입성한 후, 현지인들이 요상한 까만 차를 마시는 것을 보게 되면서 터키인들 사이에서도 유행하게 되었고, 세계 최초의 커피전문점인 '키바 한(Kiva Han) 카페'가 1475년 이스탄불(콘스탄티노폴리스)에서 시작되었다고 해요. 이는 1453년 동로마제국 수도 콘스탄티노폴리스가 함락된 후 22년 뒤였고, 이슬람 세력의 핵심으로 떠오른 오스만투르크제국의 새 수도로서 한창 발전하던 시기에 해당됩니다.

이후 1500년대 이슬람 세계 주요 도시에선 곳곳에 커피전문점이 생겨났어요. 하지만 종종 이 커피전문점에 모인 사람들이 투르크제국 황제인 술탄을 씹자, 1511년 이슬람의 성지 메카에선 커피전문점

이 강제 폐업 당하는 등 종종 탄압을 받았다고 합니다. 🐻

　그러다가 유럽에서 크게 유행하게 된 계기가, 1683년 오스만투르크 군이 오스트리아의 수도이자 신성로마제국의 상징도시 비엔나를 두 번째 공격하다가 퇴각하면서 자루 째 남긴 커피를 발견해 이를 마셔보고선 홀딱 반해 유럽에 처음 소개되었다고 알려져 있지만 이 역시 '가리지날'이에요.

　실은 오스만투르크가 오스트리아에 맞서기 위해 프랑스와 동맹을 시도하던 1669년, 오스만투르크에서 파견한 '쉴레이만 아가(Suleyman Aga)' 특사가 프랑스 왕실에 커피를 소개한 것이 시기상 더 먼저예요. 당시 이 특사가 1년여간 파리에 머무르며 프랑스 귀족들에게 커피를 권해 많은 이들이 감탄했고, 이후 파리에 카페가 들어선 계기가 되었다고 하죠.(프랑스가 이슬람국가인 오스만투르크와 동맹을 시도한 속사정은 1부 두 번째 '단추와 지퍼' 이야기에서 이미 설명드렸어요.)

　하지만 이것도 역시 원조가 아니었으니, 유럽의 커피 유행은 1669년 프랑스 궁정에 공식 소개되기 100여 년 먼저 차 덕후들 사이에서 몰래 시작되었대요.

　당시 오스만제국과 활발히 교류하던 무역의 달인, 베네치아가 마니아층을 위해 커피를 슬그머니 유입한 겁니다. 과거 십자군전쟁 당시부터 현지에서 커피 맛을 본 사람들이 그 맛을 잊지 못했다나~. 하지만 무슬림이 마시던 음료이니 감히 대놓고 마실 수 없어 '아라비아 와인'이란 이름으로 팔았다고 하니 셰익스피어의 명작《베니스

의 상인》이 괜히 이 도시를 배경으로 나온 게 아닙니다. 🐻

하지만 대부분의 기독교인들은 새까만 색깔에 질색해 처음에는 무슬림이나 마시는 악마의 음료라고 터부시 했다네요. 하지만 이 묘한 맛에 홀린 사람이 늘어나 암암리에 커피가 퍼져 나가자 당시 교회 성직자들은 이를 못마땅하게 여겨 교황청에 이 악마의 음료를 금지해 달라고 청원하게 됩니다. 하지만 1605년 교황 클레멘트8세는 일단 이 음료가 진정 악마의 음료인지 친히 심판하시겠다고 마시더니 그만…… 감복합니다.

클레멘트8세 : "이 훌륭한 음료를 이교도만의 음료로 두는 것은 참으로 안타까운 일이바티칸. 앞으로 기독교도의 음료가 되어 악마의 콧대를 꺾도록 이 음료에 세례를 주노로마~!"

이리하여 교황마저 즐기게 되면서 이제 더 이상 숨어서 마실 이유가 없어지게 됩니다. 🐻

사실 이 교황의 커피 세례 이야기는 정사가 아닌 야사이지만, 이미 1600년대 초에 유럽에 커피가 밀수입되어 유행처럼 퍼져 나간 것은 역사적 사실이고, 이후 서유럽의 대도시마다 커피전문점이 들어서면서 사교의 장으로서 그 역할을 톡톡히 합니다.

이처럼 재미난 역사를 가진 커피는 이후 다양한 방식으로 확산되어갑니다.

아까 비엔나 공방전에서 패배한 오스만투르크 군이 커피를 자루

째 두고 도망갔다고 했는데, 당시 국왕이 큰 공을 세운 폴란드인 콜시츠키(Georg Kolschitzky)에게 이 전리품을 하사했고, 콜시츠키는 하사받은 커피를 터키식으로 가루 째 끓여 팔았다고 하지요. ('애당초 금이나 돈으로 좀 주시지……. 성은이 망칙하여이다!' 🐻)

어쨌든 이 터키식 커피는 에스프레소와 비슷한데 바닥에 커피가루가 남아 있어 다 마시면 텁텁한 커피가루 때문에 뒷맛이 좋지 않지요.

그래서 마시다가 바닥이 보이는 순간 멈춰야 하는데, 이런 요령을 잘 모르는 유럽인들에겐 잘 팔리지 않자 커피를 끓인 후 가루는 걸러서 버리고 커피 위에 설탕과 크림을 올려 달달하게 만든 커피를 제공해 인기를 끌면서 소위 '비엔나커피', '아인슈페너(Einspaenner)'가 만들어지죠. 이후 우유, 모카, 캐러멜 등 여러 재료를 추가하면서 다양한 커피가 개발되어 나간 겁니다.

비엔나커피, 아인슈페너

커피의 단짝친구, 크루아상의 유래

그리고 커피와 함께 먹으면 더 맛있는 크루아상이 프랑스 빵이라고들 알고 있는데, 이것도 '가리지날'! 원래 이 빵은 오스트리아에서 나온 거예요.

이 빵은 오스트리아가 두 차례에 걸친 오스만투르크 군대의 침략을 물리친 후 이를 기념해 비엔나의 페터 벤더(Peter Wender)라는 제빵사가 투르크 군을 상징하는 초승달 모양으로 만든 거예요.

이에 오스트리아 시민들은 투르크 군이 남기고 간 전리품인 커피와 함께 초승달 빵을 잘근잘근 씹어 먹으면서 승리감을 느낀 거지요. 당초 이 빵 이름은 크루아상이 아닌 '피처'였고 오스트리아 사람들만 즐겨 먹었습니다. 그런 피처가 프랑스로 전파된 건 오스트리아 공주 마리 앙투아네트 덕분이었지요.

(프랑스가 아닌 오스트리아가 원조인 크루아상)

마리 앙투아네트(Marie Antoi-nette), 이 이름도 '가리지날'이에요. 결혼 전 원래 이름은 '마리아 안토니아 안나 요제파 요하나 폰 외스터라이히-로트링겐'(Maria Antonia Anna Josepha Joanna von Oesterreich-Lothringen, 헉헉…… 어이쿠 길어라~.). 그녀가 프랑스 루이 왕가로 시집가면서 독일식 이름이 프랑스식으로 불린 거지요.

(터키 국기, 아이일디즈)

원래 프랑스와 오스트리아는 오랜 기간 적대적 관계였는데, 이 시기에 이르러 두 나라의 평화를 약속하고자 정략결혼으로 오스트리아 황제의 막내딸이 훗날 프랑스 루이16세가 되는 왕자에게 시집

간 것이죠.

불과 14세에 시집온 오스트리아 공주 마리 앙투아네트는 결혼 1년 전부터 속성으로 프랑스어를 배우는 등 신부 수업을 마치고 파리로 왔지만, 소심하고 배려 없는 남편 때문에 향수병에 걸려 궁궐 요리사들에게 피처를 만들어 달라고 지시했대요. 하지만, 루이16세의 어머니가 이 사실을 알게 되었으니……, "어디 프랑스에서 오스트리아 빵을 먹으려 하냐!"며 며느리를 구박했다네요.(웰컴 투 시월드~ 이러니 우울증이 오지. 🐻)

하지만 자식 이기는 부모 없다고 결국 만들도록 허락은 했으나 오랜 적국이던 오스트리아식 명칭 대신 초승달이란 뜻의 '르 크루아상(Le Croissant)'이라는 새로운 이름을 붙였고, 이후 프랑스 식사의 영향력이 커지며 자연스레 프랑스 빵으로 여겨진 거죠.

"빵이 없으면 케이크를 먹으라."고 했다는 유언비어 등 혁명군에 의해 악녀 이미지가 덧씌워져 단두대의 이슬로 사라졌지만, 그녀가 즐기던 고향 요리, 크루아상은 이제 전 세계인이 사랑하는 빵이 되었지요.

더치커피와 콜드 브루

그나저나 찬 물을 이용해 장시간 저온 상태에서 한 방울씩 내려 원두의 진한 향을 풍기는 '더치커피'가 인기를 끌고 있는데, 이 단어는 사실 '가리지날'입니다. 🐻

이걸 '더치커피'라 부른 건 일본에서 시작된 건데, 정작 네덜란드 사람들은 그 단어를 거의 모른다고 합니다. 🐻 실제 영어권에선 '콜드브루(Cold Brew)'나 '워터 드립(Water Drip)'이라 불러요.

사실, 이 커피 제조법은 일본에서 만든 거라 '일본식 워터 드립 (Japanese Water Drip)'이라 불린다네요. (미국에선 다른 형태의 워터 드립 방식이 있어요.)

일본은 현재 세계 3위의 커피 수입국인데요. 아시아권에서 가장 먼저 서구화된 나라여서 서양 음식을 재해석해 만든 카스텔라처럼 저온추출 커피도 1970년대에 최초로 상품화했는데, 이 저온추출 커피를 무엇이라 부를까 고민하다가 마케팅 차원에서 역사에 기반한 스토리텔링을 했다고 합니다.

즉, "17세기 일본 막부는 쇄국정책을 시행하며 나가사키 앞 인공섬 '데지마(出島)'에서만 외국인이 거주하게 했는데, 일본과 거래하러 온 네덜란드 선원들이 자기네 식민지이던 인도네시아산 커피를 운반하면서 장기간 항해 도중 커피를 먹고 싶은데 화재 위험이 있어 물을 끓이기도 어렵고 커피 원액 보관이 여의치 않아 찬물로 만들면 저장성이 높다는 데 착안해 만든 것이 더치커피의 유래이다." 이렇게 선전한 겁니다.

정작 네덜란드 사람들은 모르는 역사를 창조하다니…….  하지만 우리나라에서도 요즘에는 '더치커피'보다 '콜드브루'란 이름으로 많이 판매되고 있습니다.

커피잔의 유래

커피 이야기 시작한 김에 커피잔의 유래도 한번 알아봅시다.

아시는 분은 아시지만 모르는 분은 전혀 모르는 '쿨리지(Calvin Coolidge)'라고 하는 미국 대통령이 있었습니다.

"끈기를 대신할 수 있는 것은 이 세상 어디에도 없다."란 명언을 남겼지만 '그런 대통령이 있었나?' 할 정도로 미국인들에게 인기 없던 대통령이이에요. 하지만 의외로 에피소드가 많은데요. 그 중 하나가 바로 커피잔 해프닝입니다.

쿨리지 대통령의 고향은 뉴잉글랜드 버몬트 주 플리머스라는 곳인데, 심지어 대통령 고향 집에도 전기나 전화가 안 들어올 정도로 깡촌이었대요. 쿨리지는 구멍가게 주인의 아들로 태어나 영특한 두뇌로 법대를 나와 시의원 당선, 매사추세츠 주지사를 거쳐 하딩(Warren Harding) 대통령의 러닝메이트로서 부통령이 되었어

(제30대 미국 대통령 캘빈 쿨리지. 재임기간 1923~1929)

요. 그 후 하딩 대통령이 캘리포니아 순방 도중 급사하자 대통령직을 승계한 후, 경제 성장 효과로 다음 대선에서도 승리해 총 6년간 대통령을 역임했던 인물입니다.

그는 하딩 대통령이 급사할 당시 고향집에 머물고 있었는데 그 동네에 전화는커녕 전기가 없었기에 며칠이 지나 겨우 고향 집까지 찾아온 정부 고위직 간부들이 바로 워싱턴에 복귀해 취임식을 갖자고 하자 이를 거절하고 평생을 작은 구멍가게를 운영해 뒷바라지한 아버지 앞에서 대통령 취임선서를 한 효자였다고 합니다. 그러고는 밤이 늦었다며 자기 방으로 자러 갔답니다. 🐻

그런 그가 대통령이 된 직후 고향 친구들을 백악관으로 초청했던 모양입니다. 그런데 시골에서 올라온 친구들은 '미국 서울' 구경에 기뻐하면서도 '촌놈 소리 들으면 어쩌나?' 모두 같은 걱정을 했다죠. 그래서 무조건 '대통령이 하는 대로 따라하자!'라고 결정해 대통령과 함께 정식 코스요리를 먹으면서 눈치껏 잘 따라했답니다.

But, 그러나……, 마지막에 나온 디저트 커피를 마시려는데, 쿨리지 대통령이 커피를 접시에 따르더랍니다. 🐻 '헐~ 워싱턴에선 커피를 그렇게 먹나 보다.' 싶어서 모두 커피를 조금씩 접시에 따르고 있었는데 대통령이 몸을 굽히더니 그 접시를 테이블 아래 고양이에게 주더랍니다.

아뿔싸! 애완 고양이 간식 주던 거였던 거지요. 🐻

그래서, 미국판 시골 촌놈의 상경 해프닝으로 지금까지도 놀림감이 되지만, 이건 '가리지날'입니다. 🐻 원래, 커피와 홍차는 뜨거움

을 식히기 위해 접시에 조금씩 따라서 마시는 것이 오리지날이었습니다! 🐻

그래서 지금도 옛날식 다방에서 음료수는 접시 없는 컵에 주면서 커피나 홍차는 받침접시를 함께 주는 건, 다 이런 이유가 있었던 겁니다.

당초 유럽인들은 19세기 말까지 홍차처럼 커피도 접시에 부어 마셨다지요. 자세히 보시면 커피 접시 중간 잔을 놓는 위치 주변이 볼록 솟아서 둥근 벽을 형성하고 있는데 그 벽에 넘치지 않도록 가장자리를 따라 커피나 차를 조금씩 흘려서 마셨다고 해요. 하지만 이후 번거롭다는 이유로 직접 컵을 들고 마시는 걸로 바뀌었다고 하네요.

(전통적인 커피잔)

쿨리지 대통령은 우아한 유럽 귀족식 생활 태도를 유지했고 커피에 상당히 전문가였기에 쿠바 커피도 수입하고 나름 전통 방식으로 커피를 마신 건데, 워낙 후대에 "방임주의 경제정책으로 대공황이 오게 한 원인 제공자 아니냐!"고 까이다보니 그렇게 삐딱하게 알려져 온 것이라 합니다.

지난 2016년 3월에는, 미국 오바마(Barack Obama) 대통령이 1928년 쿨리지 대통령 이후 최초로 쿠바를 방문했고, 이후 쿠바산 커피의 미국 수출을 허용했다고 하네요.

쿨리지 대통령은 말이 없기로도 유명했다는데, 모든 인터뷰에 "예(Yes).", "아니오(No)."만 해서 기자들이 미칠 지경이었다고 해요. (팝계에선 엘비스 프레슬리가 그런 식으로 인터뷰했어요. 그래서 비틀스가 미국에 가서 능수능란하게 인터뷰를 해주자 기자들이 더더욱 좋아했답니다.)

그래서 어느 사교모임에 간 대통령에게 당시 사교계의 여왕이라 불리던 작가 도로시 파커(Dorothy Parker, 영화 '스타이즈본' 원작자)가 말을 걸어왔답니다.

도로시 파커 : "대통령님, 제가 오늘은 대통령님이 세 마디 이상 말할 거라고 내기를 했어요. 제가 이기겠지요? 흥흥흥."

그러자 멀뚱히 쳐다보던 쿨리지 대통령이 이렇게 답을 했다네요.

쿨리지 대통령 : "너 졌어!(You lose!)"

단 두 마디……. 🐻

그리고 쿨리지 대통령 부부는 심리학 관련 도서에 자주 등장하는 '쿨리지 효과(Coolidge Effect, 새로이 등장한 대상을 향해 성적 욕구를 나타내는 현상을 지칭한 심리학 용어)' 현상을 발견하기도 했지요.

이처럼 과묵했고, 실무진에게 과감히 권한을 위임해 필요할 때만 참견하고 자주 휴가를 가서 당시엔 놀고먹는 대통령 아니냐고 욕을

먹던 쿨리지는 고향 친구만이 아니라 인디언, 소수민족을 백악관에 초대하는 등 시민과의 교류에는 열정적이었고 인디언을 시민으로 인정한 '인디언 시민법'도 강경하게 통과시켰습니다.(흑인보다도 못한 대우를 받은 인디언 원주민. 🐻)

어쨌거나 여러 일들을 의욕적으로 진행했지만 워낙 말재주가 없어 소통에 소극적이다 보니 오해도 받고 인기도 없어 결국 재출마를 포기하고 여생을 평범하게 보내어 기억에 남지 않게 되었다고 합니다.

어떠신가요? 열심히 일하는 것도 중요하지만 성과는 널리 알리고 자주 커피나 음료수를 들고 주위 동료와 소통하는 것도 필요하다는 생각이 드시죠?

캔커피의 유래

커피잔 이야기를 했으니 여세를 몰아 캔커피 발명 이야기도 할게요.

앞서 일본인들이 더치커피 제조법을 만들었다고 이야기를 했는데 이들이 또 하나 세계 최초로 만든 발명품이 있습니다. 그건 바로 캔커피입니다.

개발자는 일본에 커피 붐을 일으킨 '우에시마 타다오(上島忠雄)' 사장입니다. 본인 성씨를 딴 우에시마 커피 컴퍼니(UCC, Ueshima Coffee Company)라는 커피 회사를 설립해 1969년 세계 최초로 캔커피를 출시했는데 개발 유래가 참 재미있어요.

이미 당시에 커피 제조사를 운영하던 우에시마 사장은 기차를 기다리며 커피를 사 마시고 있었다네요. 하지만 그때는 병에 넣은 커피를 마시고 빈 병을 매점에 돌려주는 형식이었는데 예상보다 빨리 기차가 도착하는 바람에 마시다 만 뜨거운 커피를 그냥 반납하고 기차를 탈 수밖에 없었답니다. 이에 마시다 돌려준 커피가 너무 아까워 언제 어디서나 간편하게 마실 수 있는 방법이 없나 골똘히 생각하다가 드디어 캔커피를 개발하게 됐다고 합니다. 🐻

우에시마 사장의 신상품은 처음에는 잘 팔리지 않았지만, 마침 1970년 개최된 오사카 엑스포에서 방문객들에게 무상으로 나눠 줘 호평을 받은 후부터 불티나게 팔리기 시작해 현재와 같이 전 세계적으로 확산되었다고 합니다. 국내에선 UCC커피가 '신세기 에반게리온' 애니메이션의 스폰서로 유명해졌죠. 근데 이 에반게리온 애니메이션은 어째 20년 넘게 결말이 안 나요. 🐻

커피믹스의 유래

그리고 이 커피 역사에서 우리나라도 당당히 한 자리를 차지합니다. 우리가 즐겨 마시는 1회용 커피믹스는 1976년 우리나라 동서식품에서 세계 최초로 개발한 거라고 하네요. (오~. 🐼)

현재 우리나라의 커피 소비량이 세계 11위권이라고 하는데, 인스턴트커피 소비에서만큼은 세계 최고라고 하지요. 커피전문점이 크게 증가하고 있지만 여전히 커피믹스가 70퍼센트 이상 소비되고 있다고 합니다.

전 세계 커피 시장의 90퍼센트는 원두커피인 상황에서 우리나라는 굉장히 예외적인 케이스인데 커피믹스가 워낙 독특한 상품이다 보니 한국을 찾는 외국 관광객들이 많이 사 간다고 합니다.

그리고 커피가 건강에 좋다는 사실도 속속 알려지고 있지요. 최근 미국에서 다양한 인종을 대상으로 진행한 코호트 연구(Cohort Study)에서 하루 3잔 커피를 마시면 심혈관, 암, 당뇨, 호흡기, 신장질환 사망률이 최대 18퍼센트 낮아진다는 결과가 나왔습니다. 하루한 잔 커피로도 사망률이 12퍼센트 낮아진다고 하네요. (코호트 연구란 특정 요인에 노출된 집단과 그렇지 않은 집단을 추적해 이후 경과를 오랜 시간을 두고 조사하는 방식을 의미합니다. 요인 대조 연구라고도 부르는데 일종의 추적조사입니다.)

한동안 커피가 건강에 좋다, 나쁘다는 주장이 엇갈렸는데 이제는 커피의 유용성이 더 큰 것으로 나타나고 있습니다.

아 참! 이건 아무것도 타지 않은 블랙 커피에 해당되는 거예요. 몸에 좋을 줄 알고 달달한 커피를 많이 마시면 당이 많아 오히려 나쁠 수 있으니 잘 생각하고 드셔야 해요. 🐻

쓰다 보니 식생활 관련 이야깃거리가 많았네요. 이제 주생활 이야기로 넘어가겠습니다.

일상생활 속 가리지날 세 번째 주제는 의식주 중 '주생활'입니다.

의식주 중 가장 마지막에 언급되는 주생활은 일상생활 자체에서 옷이나 음식보다 변화하는 빈도는 낮지만 해당 민족과 개인의 정서를 근본적으로 지배하는 아주 중요한 생활요소입니다. 또한 인류 문명 발달과도 아주 밀접한 관련이 있지요.

우리가 미처 몰랐던 주거 문화와 술(술도 한자로는 '주(酒)')에 대한 가리지날 이야기를 이제 해보고자 합니다.

3부

주생활

01
산타는 왜 굴뚝으로 오나요?

이제 주생활 이야기를 해볼까 합니다.

주거 방식 역시 개인의 일상뿐 아니라 해당 민족과 문명에 큰 영향을 미치고 있습니다.

서양의 주택 문화

현재 대다수 우리나라 사람들도 거주하는 서양식 건물의 특징부터 알아볼게요.

크리스마스가 되면, 아이들은 산타 할아버지의 선물을 기다리게 됩니다. 평소 말썽꾸러기이던 아이들도 이때만 되면 갑자기 착해지지요. 뭐, 직장인들이 인사고과 철이 다가오면 갑자기 팀장에게 보고도 잘 하고 성실한 척하는 것과 다름없긴 합니다만……. 🐻

아이들이 태어나 처음으로 거짓말을 하게 되는 때는 "엄마가 좋아, 아빠가 좋아?"라는 질문을 받는 그 순간 시작된다고 합니다. 짧은 인생에서 처음 겪는 난제이긴 하죠. 그리고 아이들이 부모를 불신하게 되는 두 가지 계기가, 하나는 바로 산타 할아버지가 밤에 선물 준다는 이야기, 또 하나가 설날 세뱃돈 잘 보관했다가 돌려준다는 약속이라고 합니다. 🐻

분명 크리스마스는 예수님 생일인데, 산타 할배가 전 세계 아이들에게 단 하룻밤 사이에 글로벌 택배 서비스를 제공하는 날로 뭔가 주객이 전도된 느낌이 들긴 하네요.

이처럼 어린 시절 모든 어린이의 우상이 되는 산타 할아버지는 묘한 버릇이 하나 있는데, 그건 바로 굴뚝을 타고 내려와 선물을 주고 가신다는 거예요.

어릴 적 산타 할아버지가 진짜 선물을 주러 오신다고 굳게 믿던 저는 '아파트에 살아서 굴뚝이 없는데 어떻게 가져 오시나?'하고 걱정을 했더랍니다. 여러분도 그런 궁금증이 들지 않으셨나요?

왜 산타 할배는 하필 굴뚝으로 다녀가시는 걸까요? 몸도 비대하신데……. 최근 연구 결과에 의하면 날씬한 사람보다 과체중인 사람이 더 오래 산다고 합니다. 우와~ 뱃살맨들이여~ 경축하라! 🐻

네? 정상 체중이 제일 오래 산다고요? 아, 네네~. 🐻

그건 그렇고, 산타 할배가 굴뚝으로 출입하는 이유는, 산타 할배 이야기가 태동한 유럽의 전통 가옥 구조상, 문과 창문을 다 잠그고 나면 유일하게 드나들 수 있는 공간이 굴뚝뿐이어서 그런 겁니다.

고대 그리스나 로마시대 부유한 집안은 2층집에 사는 것이 대세였다고 하죠. 1층은 응접실, 식당 등의 용도로 쓰고 2층에 주로 침실을 두었는데요. 이렇게 만든 이유는 땅에서부터 침실로 올라오는 열기나 냉기를 막기 위해서였습니다. 또한 부엌에 조리용 화로를 넣고 그 위로 연기가 빠져 나갈 수 있는 굴뚝을 만들어 연기를 배출하게 된 거죠.

그런데 굴뚝이 막히면 연기에 의한 질식 우려가 있어서 사람이 드나들 정도로 크게 구멍을 내었고, 그을음이 통로를 막지 않도록 청소하는 굴뚝 청소부라는 직업이 별도로 존재하게 된 겁니다.

그래서 유럽인들은 아이들에게 산타 할배가 어디로 들어오는지 나름 합리적으로 설명하기 위해 굴뚝을 통해 들어왔다가 나간다고 얘기한 겁니다.

하지만, 로마시대 가난한 사람들은 인술라, 즉 공동주택에 살았는데 심지어 6층 아파트까지 있었다고 하죠. 지금 우리나라와는 반대인 상황. 지금도 로마 카피톨리노 언덕 입구에 그 흔적이 남아 있습니다.

동화 《아기돼지 삼형제》에 등장하는 늑대도 셋째 아기돼지 벽돌집에 침입하기 위해 유일한 통로인 굴뚝으로 내려오다가 그만 솥에 빠지고 마는데요.

요즘에는 멋으로 거실에 두는 경우가 많지만 전통적으로 유럽에선 주로 부엌에 벽난로를 두고 불을 지피면서 그 위에 큰 솥을 놓고 물이나 스프를 끓이는 게 일상적이었다고 해요. 뭐 현대 주택도 부엌마다 가스레인지가 놓여 있고 위에 환기팬을 돌리지요. 🐻

하지만, 벽난로는 그 근처만 열기가 전달될 뿐이어서 우리나라의 전통 온돌 방식에 비해서는 난방에 비효율적인 구조예요. 그래서 맨바닥에 자면 너무 추우니 침대를 만들어 땅에서부터 공간을 멀리 띄우게 됩니다.

(유럽식 주택 부엌 벽난로)

하지만 중세 유럽 초기엔 기술 퇴보로 인해 종전처럼 2층 이상 가옥을 지을 수 없어 1층으로만 만들었고, 방이 제대로 구분되지 않아 통째 거실에서 주인 가족뿐 아니라 하인들까지 모든 식구들이 같이 지낼 수밖에 없어 개인 프라이버시가 지켜지기 어려웠다고 합니다.

그래서 침대에서 잘 때만이라도 주위 방해를 받지 않으려고 네 기둥을 올리고 지붕까지 설치해 커튼으로 가린 침대를 사용하게 됩니다.

유럽 궁전이나 일부 호화 호텔에 보이는 네 기둥 달린 클래식한 캐노피 침대는 멋으로 만든 게 아니라 이 같은 필연적인 이유가 있

(기둥과 커튼이 달린 캐노피 침대. 저게 멋있으라고 만든 게 아니에요~)

던 겁니다.

그리고 중세 유럽에선 반농반목 상태이다 보니 양 떼를 많이 키웠는데, 실내에서도 냉기를 막기 위해 응접실 등 바닥에 양털로 짠 양탄자를 깔고, 신발을 신은 채로 다닌 거지요. 심지어 침대에서도 신발을 신고 있는 게 다 이런 이유 때문입니다.

게다가 당시엔 벽도 돌로 쌓은 후 빈 공간을 흙으로 메우는 수준이라 벽으로도 칼바람이 들어왔기에 1066년 헤이스팅스 전투를 그린 유네스코 세계기록유산, '바이외 타피스트리(Bayeux tapestry)'처럼 벽에도 양탄자를 걸어 냉기를 차단하려고 무진장 애를 쓴 겁니다.

서양사 책에 빠지지 않고 나오는 저 양탄자는 길이가 무려 70미터입니다. 폭은 50센티미터 무게는 350킬로그램…… 🐷 (추리소설 좋아하는 분이라면 헤이스팅스 이름이 반가울 겁니다. 아가사 크리스티가

(벽에 두르는 양탄자, 바이외 타피스트리)

창조한 '회색 뇌세포' 포와로 탐정의 조수가 헤이스팅스이거든요. 🐨)

이후 기술이 발전하면서 다시금 2층집을 지을 수 있게 되자 땅에서 올라오는 냉기를 최대한 피하기 위해서 주로 2층에 침실을 두게 되고, 또한 지하에 창고를 만든 것도 보온을 위한 완충 장치를 마련한 거지요.

하지만 이처럼 유럽인과 중동인들이 선호한 양탄자는 쌓인 먼지가 완벽히 제거되기가 쉽지 않아 그렇지 않아도 유전적으로도 천식이 많은 서구인들에게 폐 질환이나 알레르기 질환이 많이 발생하는 원인이 되고 있어요.

우리나라 주택 문화

그럼 우리나라의 전통 가옥을 살펴볼까요?

삼국시대 초기까지는 대다수 백성들의 집은 땅을 파서 짓는 움막집이었다고 합니다.

땅을 파서 반지하층처럼 만드는 이 방식은 이글루와도 비슷한데 거센 찬바람을 막고 땅의 지열을 이용해 보온을 하는 데 유리했기 때문입니다. 그러다가 주춧돌을 놓고 나무 벽을 세우고 기와를 올리는 방식으로 점차 발달하게 되는데, 고구려가 위치한 만주 지역에서 드디어 우리 민족의 자랑, 온돌이 등장하게 됩니다.

우리 역시 서구처럼 전통 가옥은 부엌에 큰 솥을 올려놓고 아궁

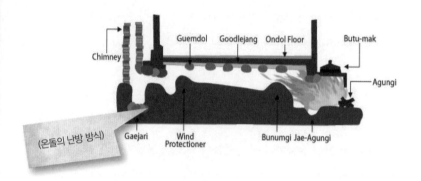

(온돌의 난방 방식)

이에 불을 땠지만 곧장 굴뚝을 연결하지 않고 방바닥을 통과시켜 열기를 바닥으로 보내는 방식이라 열 효율성에선 압승입니다.

우리나라가 자랑하는 온돌은 이 같은 땅의 냉기를 차단하는 난방 기술로서 아주 독보적인 존재입니다. 영국 옥스퍼드사전에도 'ondol'이라고 등재된 바 있지요. 최근 중국이 슬슬 이 온돌도 중국 문화라고 우기기 시작합니다만……. 🐻

온돌은 당초에는 부엌 아궁이를 통해 부엌과 맞닿은 벽으로 온기를 전달한 것으로 4세기 고구려시대 축조된 황해도 안악 3호분 고분 벽화에도 그려져 있고 발해 유적에서도 온돌이 발굴된 바 있습니다. 만주에선 아직도 이런 '쪽구들' 방식에서 벗어나지 못해 부엌 벽만 따뜻해져 이 벽에 침대를 대고 자는 경우가 많고, 중국인들도 서구처럼 난방 문화가 발달하지 않아 입식 문화를 해왔습니다.

이후 서서히 이 기술이 남하하면서 고려 중기에 이르면 현재 우리가 알고 있는 방 전체가 온돌로 된 '통구들'이 일반화됩니다. 하지만 이 온돌이 전국적으로 퍼진 것은 실로 300~400년 전에 불과

해요. 🐨

통온돌 기술이 아주 오랫동안 더디게 확산된 이유는 온돌방을 만들려면 대공사를 해야 해 새로 집을 지을 때 건축비가 만만치 않았기 때문입니다.

그리고 온돌의 확산을 막은 역사적 계기도 있어요.

고려 후기 몽골 침입을 받은 후, 당시 글로벌 스탠더드인 몽골식 라이프 스타일을 따라 귀족들은 변발을 하고 몽골식 옷을 입고, 집에서도 침대를 쓰고, 몽골식 원형 텐트 '게르'를 장만해 애완용 매 하나씩 어깨에 걸치고 사냥을 떠나

(몽골 이동식 주택, 게르)

(게르 내부, 침대와 화로)

며칠씩 게르 중앙에 화로를 놓고 주위에 침대를 놓고 자는 게 대유행했었다죠.

우리말 표현 중 "시치미 뗀다"는 게 고려시대 매 사냥이 유행했던 당시 매를 훔치면서 매에 붙인 이름표인 '시치미'를 뗀다는 데서 유래한 겁니다.

고려 귀족 A : "여, 아직도 촌스럽게 사슴 사냥 하고 사시나? 최근 몽골 매 하나 샀다몽골."

고려 귀족 B : "축하하네. 그럼 이번 주말에 매사냥 하러 타타르 C.C

부킹해 놓겠네케라코룸."

고려 귀족 A : "그러지 말고, 이번 주말엔 게르에 토치카 싣고 가족 캠

핑 같이 감세. 아들 녀석이 '아버지, 어디 행차하십니까?' 놀이가 유

행한다며 마구 조르네고려."

고려 귀족 B : "아 그거 좋지, 이번에 '북방 안면' 브랜드로 게르용 화

로 새로 하나 장만했게르."

고려 귀족 A : "아니 그 비싼 '척추 골절품'을 장만했단 말인고려? 잘

나가시네고려…… 허허허."

고려 귀족 B : "자네도 요새 잘나가는 '홍조 안면' 화로 하나 장만하시

게나."

그렇게 몽골 문화가 유행하다 보니 오랫동안 온돌 보급은 지지부

진 했습니다. 이후 고려 말 반원 운동이 거세지고 조선시대가 들어

서며 몽골 풍속이 점차 사라지면서 다시금 온돌이 퍼지게 됩니다.

하지만 임진왜란 이후 재건한 창덕궁에도 왕실 가족 침소를 제외

하곤 온돌을 설치하지 못할 정도라 일반인들은 온돌을 구경하기가

쉽지 않았어요. 조선시대 궁궐 화재 사건이 빈번했던 이유가 새로

온돌 교체 공사를 하고 시운전을 하다가 불 조절에 실패해 홀라당

불길이 번진 경우가 많았기 때문이라고 하지요. 🐻

이후 온돌이 민간에 널리 확산된 계기는 영·정조 시기에 이르러

경제적 여유가 생겼기 때문인데, 온돌이 전국적으로 유행하게 되면

서 너나 할 것 없이 바닥에 엉덩이를 지지는 구들장 문화가 정착되

지금 고려는 몽골 스타일!

었고 침대나 키 높이 탁자, 의자 등 입식용품은 거의 사용하지 않게 됩니다.

하지만, 이 같은 온돌 확산은 큰 문제를 하나 만들게 되는데요. 바로 온돌 난방을 위해서는 땔감 나무가 많이 필요하게 되었다는 점이 에요. 누구나 다 산에 올라가 매번 나무를 잘라 오기도 쉽지 않자 나무꾼이 전문 직업군으로 등장했고, 나무가 남아나지 않게 되어 점차 민둥산으로 황폐화되었다는 겁니다.

그래서 구석기시대만 해도 울창한 삼림지대이던 한반도는 조선 말기에 이르면 어디 할 것 없이 주거지 인근 산은 다 붉게 헐벗은 민둥산이 되었고, 조금만 비가 많이 와도 홍수가 나는 악순환이 반복되는 지경에 이릅니다.

그리고 이후 일제시대에 이르러 그나마 남아 있던 개마고원 등

깊은 산속 나무들도 벌목되어 주요 수출품이 돼버리면서 산림은 더욱 황폐해집니다.

우리가 식목일이란 기념일까지 만들면서 다시금 우리 산을 푸르게 만들기 위해 각고의 노력을 기울이게 된 원인 중 하나가, 우리 주택 문화의 자랑인 온돌의 확산이었다는 게 아이러니하긴 합니다.

일본의 주택 문화

반면 일본은 우리나라에 비해 겨울 추위는 약한 반면 여름 무더위와 습기가 더 문제가 되다 보니 온돌 대신 다다미 문화가 발달하게 됩니다.

다다미는 짚을 5센티미터 두께로 넣고 위에 돗자리를 씌워 꿰매 직사각형 형태로 만드는데, 대부분 3자(910밀리미터)×6자(1820밀리미터)를 기본 단위로 해서 다다미 몇 개가 놓였는지가 방의 크기를 결정하는 기준으로 쓰이고 있는데요.

여름엔 습기를 잡아줘 생활하기 적합하지만 겨울철 난방을 할 방법이 없어 방 한가운데에 화로를 놓고 그 주위에 모여 추위를 피하는 방식을 사용하게 되지요.

열대 지역에서 수상 가옥이나, 2층 나무집을 짓는 것도 열기와 습기, 벌레를 방지하기 위한 나름의 지혜가 발휘된 것이지요.

이처럼 대부분의 전통 주택은 해당 지역의 기후와 재료에 따라

(다다미 방, 다다미 숫자가 방 크기를 의미합니다.)

다양한 방식으로 만들어져 왔습니다.

방 구조에 따른 의식 차이

이 같은 주택 구조는 일상생활뿐 아니라 정서에도 의외로 큰 영향을 끼친다는 주장도 최근 활발히 제기되고 있습니다.

우리가 아이들에게 읽어주는 외국 동화책이나 외국 영화를 보면 의외로 침대 요정이나 귀신에 대한 이야기가 많은데요. 온돌이나 다다미가 없는 많은 문화권에서 차가운 냉기를 막고자 침대를 사용하는데 침대에서 자다가 떨어지는 경우가 종종 있다 보니 이에 대해 근원적인 추락 공포심이 있고, 침대 아래 어두운 공간에 귀신이나 괴물이 살지도 모른다는 아이들의 상상은 방이 결코 편안한 안식처가 되지 못하게 합니다.

디즈니·픽사 애니메이션 '몬스터 주식회사'가 바로 이 침대귀신 이야기를 유쾌하게 재해석한 거지요. 또한 헤비메탈 그룹 메탈리카(Metallica)의 메가히트곡 '엔터 샌드맨(Enter Sandman)'도 침대 밑 귀신에 대한 노래랍니다. 그래서 서양권에서는 아이가 잘못했을 때 벌칙으로 외출 금지 명령을 내리고 아이들은 이에 반발하면서 집 밖으로 나가려 시도하지요. 많은 서구 애니메이션을 보면서 왜 집에서 못 나가는 게 벌칙인지 처음엔 이해가 되지 않았는데 이런 사연이 있던 겁니다.

그에 반해, 우리나라에서는 아이가 잘못했을 때 벌칙이 집에 들어오지 못하게 하는 겁니다. 어디서건 바닥에 앉거나 드러누울 수 있고, 따뜻하게 등을 지질 수 있는 집이야말로 안식처이기에 대문을 열어 달라고 하며 용서를 빌게 되지요.

그래서 서양인에게는 유일하게 몸을 누일 수 있는 침대에 대한 숨은 공포심이 있어 고향이나 집에 대한 미련이 없었을 뿐 아니라 집을 떠나 새로운 곳을 개척하게 하는 원동력이 되었던 반면, 동양인들에게는 집이야말로 안식처이고 고향은 언젠가는 돌아와야 하는 지향점이 되었죠. 이런 정서적 차이는 이 같은 주택 구조가 큰 영향을 미쳤을 것이라고 학자들은 분석합니다.

또한 같은 동양권이더라도 중국인과 한국인과 일본인의 정서 차이 역시 방 구조가 원인일 수 있다고 하지요. 즉, 우리나라는 온돌

구조이다 보니 장판을 깔고 그 위에서 생활을 하므로 방에서 식사를 하다가 국을 쏟거나, 아이가 용변을 봐도 쓱 닦아내면 그만이니 집 안에서의 행동에 크게 조심하지 않게 되죠. 하지만, 일본은 다다미 구조이다 보니 방에서 음식을 쏟거나, 아이가 실례를 하게 되면 돗자리 아래로 그 액체들이 다 스며들기 때문에 다시 다다미를 공사할 수밖에 없으므로 방에서도 행동을 극도로 조심하게 되고 아이들이 함부로 장난을 치지 못하도록 엄격하게 교육시키게 되었단 겁니다. 그러다 보니 청결성에 집착하게 되고 이에 따라 어릴 적부터 상대방에게 폐를 끼치지 않아야 한다는 보이지 않는 압박감이 상당한 겁니다.

중국인들은 다수가 서양처럼 입식 문화에 길들여져 있고, 화북지방은 밀가루 요리를 주식으로 하다 보니 같은 동양 문화라고는 하지만 집안에 있기보단 아침식사부터 밖으로 나가는 생활이 익숙하다는 거지요.

이처럼 주택 구조의 차이는 비단 일상생활뿐 아니라 해당 민족의 정서적 측면에도 엄청난 영향을 미치고 있다고 하네요.

어떻습니까? 우리가 미처 생각하지 못한 주생활의 의미가 크게 다가오지 않나요?

현대에 이르러 서양에서는 과학 기술의 발전을 바탕으로 난방을 개량하게 되는데, 기존 벽난로 방식을 확장해 파이프를 이어 뜨거운

물을 순환해 방을 덥히는 라디에이터를 벽에 세우는 방식을 주로 사용하고 있습니다.

우리나라 역시 서양 문물을 받아들이면서 1970년대에 이르기까지 거주 아파트를 포함해 많은 건축물에서

(물 순환 난방 발열 기구, 라디에이터)

이 라디에이터 난방을 채택하게 됩니다. 하지만 라디에이터 난방은 열 효율성도 낮고, 근본적으로 따뜻한 방바닥에 등을 대고 지지던 우리네 정서엔 영 미흡했던 게 사실이었지요.

그래서 국내에서 라디에이터를 벽면이 아니라 아예 방바닥에 넣은 하이브리드 공법이 개발되면서 1980년대 중반부터는 아파트에서도 겨울엔 방바닥을 뜨겁게 달굴 수 있게 되었고, 이제는 해외에도 수출해 많은 외국인들에게 방바닥에 등을 지지는 기쁨을 제공하고 있지요.

한국 온돌 문화 칙오~! 🐷

02
산타 할배는 대체 누구세요?

앞서 주생활 이야기가 너무 무거웠나요?

잠시 쉬어가는 의미로 서양식 주거 문화를 소개할 때 첫머리에 이야기한 산타 할아버지 이야기를 해볼까 합니다. 🐻

우리가 현재 주로 보고 있는 뚱뚱한 산타 할아버지는 사실 '가리지날'입니다. 저 추운 북유럽 핀란드 산타 마을에서 오신다는 것도 '가리지날,' 루돌프 사슴이 모는 썰매를 타고 오시는 것도 '가리지날', 착한 할아버지란 이미지도 '가리지날', 심지어 루돌프가 사슴이란 것도 '가리지날'입니다. 🐻

완전 가리지날 종합 선물세트!

어디서부터 이야길 시작해야 할까요? 🐻

뚱뚱보 산타 할아버지의 유래

우리가 흔히 보는 빨간 옷을 입은 뚱뚱하고 푸근한 산타 할배는 사실 불과 80여 년 전에 창조된 것입니다. 정말이냐고요? 그럼요~!

이 같은 이미지를 만든 데가 어딘지 아세요?

바로 코카콜라예요. 🐻

1931년, 세계 대공황이 끝나가던 무렵, 코카콜라는 겨울에 매출이 늘지 않자 대책회의를 했다고 하네요.

> 사장 : "아~ 미치겠어요. 요새 콜라가 안 팔뤼는 원인이 뭐인 거 같습메리카?"
>
> 직원 : "추우니카 안 팔리죠. 콜라는 시원하게 온몸을 적셔주는 청량음료입니유에스."
>
> 사장 : "누카 그컬 모릅메리카? 그래도 팔려야 니 월급을 주지코카! 대책 세워 오십시콜라!"

그래서 나온 대책이 한창 미국에서 유행 중이던 산타클로스 이미지를 적극 이용하자는 거였어요.

당시 산타클로스 선물 이벤트는 독일, 네덜란드 등 북유럽 출신 이민자들이 유행시킨 '성 니콜라우스 축일' 기념 행사였거든요.

원래 산타클로스(Santa Claus)는 '성 니콜라우스(St. Nicolaus)' 성인을 의미해요. 로마제국 시절인 270년, 지금은 터키 영토인 소아시아에서 태어나 352년 12월 6일에 사망한 성 니콜라우스가 미라의 대주교가 되어 어려운 이웃 주민에게 먹을 것을 몰래 나눠 주었다는 이야기에서 선물 주는 할아버지 이미지가 시작된 거지요.

실제로 성 니콜라우스의 유해 일부는 터키 안탈랴 박물관에 전시 중이고, 안탈랴 시는 12월 6일이면 기독교인들이 모여 산타클로스 페스티벌을 열고 있으나, 아뿔싸! 핀란드의 짝퉁 산타 마을에 이미 밀렸으니……. 🐻

당초 성 니콜라우스는 그리스에서는 '뱃사람의 수호성인'로 기념되었어요. 원래 그리스 신앙에서는 아프로디테가 항해와 선원의 수호신이었기에 각 항구마다 아프로디테 신전이 있었다고 하죠. 이후 로마제국 말기 기독교가 국교가 되면서 이 같은 아프로디테 신앙을 금지시키기 위해 성 니콜라우스를 '뱃사람의 수호성인'으로 내세웠어요. 그래서 지금도 그리스에 가면 '니콜라우스'라는 이름을 가진 어촌이 많고 크레타 섬 동쪽의 아기오스 니콜라우스라는 유명 관광지도 있지요.

그런데 중세 시절 프랑스의 어느 수도원에서 12월 6일 '성 니콜라우스 축일'을 기념해 니콜라우스 성인이 선행한 것을 재연하고자 전날 밤에 이웃에 선물을 돌리던 것이 점차 독일, 스칸디나비아 등 북유럽 지역으로 퍼져 나가게 된 거죠. 지금도 북유럽에선 축일 전날 저녁인 12월 5일에 선물을 주는 경우가 많습니다.

즉, 원래 산타클로스랑 크리스마스는 별개였단 말씀!

그 중에서도 네덜란드에서 성 니콜라우스 축제가 성대히 열렸는

(날씬한 성 니콜라우스 이미지)

Coca-Cola, 1931
Father Christmas

MY HAT'S OFF to
the pause that refreshes"

(1931년 첫 등장한 콜라 뚱
뚱보 산타)

데, 네덜란드 발음으로 '산 니콜라우스'
라고 하던 것이 미국으로 건너가면서 '산
타클로스'로 바뀐 거랍니다.

그래서 미국에서도 19세기 후반부터
산타클로스 선물 풍습이 유행하게 되
는데, 당초 열리던 12월 5일이 아닌 크
리스마스 전날 행사로 변하게 되었답
니다.

또 원래 성 니콜라우스는 바싹 마른
몸에 녹색-빨강 옷을 입었다고 알려져
있습니다. 가난한 수도사가 비만일 리
없잖아요. 🐻

그랬는데……, 코카콜라가
겨울철 판매를 늘리고자 1931
년 산타클로스를 코카콜라 광고
모델로 쓰면서 화가 헤든 선드블
론(J. Hadden Sendblon)에게 의뢰
해 코카콜라의 상징인 빨간색 옷
을 입고 콜라의 거품을 상징하는
흰 수염이 풍성하고 뚱뚱하면서 푸
근한 인상을 가진 '콜라 뚱뚱보 산
타' 이미지를 만들었어요.

그런데……, 아, 글쎄 이게 대박을 치지 뭡니까?(만쉐이~! 🐨)

그러자 그 다음 해에는 아예 동화작가 로버트 메이(Robert May)가 발표한 《루돌프 사슴코》까지 도입해 개썰매(아, 아니구나!), 사슴 썰매 타고 하늘을 나는 산타 이미지를 널리 보급시킨 겁니다. 그리고 '루돌프 사슴코'(1949년) 등 캐롤송도 만들어지죠. (와우! 코카콜라 브랜드 마케팅의 승리~.)

그런데 산타 썰매를 끄는 동물이 사슴이란 것도 '가리지날'. 실제로는 순록이에요. 처음에 잘못 번역된 거지요. 순록 뿔은 녹용으로도 안 쓴답니다. 그리고 성 니콜라우스가 살던 터키에는 순록이 없어요. 🐨

게다가 핀란드에선 로바니에미에 있는 조그만 마을을 산타클로스 마을이라면서 대대적으로 홍보해 한술 더 뜨고 있지요.

원래 니콜라우스 할배는 눈 구경하기도 힘든 따뜻한 터키 출신인데 왜 핀란드에 산타 마을이 있을까요. 🐨

(핀란드 산타 마을)

'루돌프 사슴코' 노래를 파헤쳐보자

이야기하는 김에 우리가 즐겨 부르는 캐롤송 '루돌프 사슴코'에 대해서도 한번 파헤쳐봅시다. 🐻

제가 이 노래를 처음 부른 건 1975년 초겨울. 유치원에서 루돌프 사슴코, 탄일종, 징글벨 등을 배울 때였네요. 그런데……, 요즘 다시 불러 보니 '루돌프 사슴코', 이 노래 뭔가 수상합니다.

제가 앞서 사슴이 아니라 순록이라고 했었죠? 그러니 '루돌프 순록코'라 바꿔야 합니다만……, 뭐 일단 한번 불러봅시다.

루돌프 사슴코

루돌프 사슴코는 매우 반짝이는 코

만일 네가 봤다면 불붙는다 했겠지

다른 모든 사슴들 놀려대며 웃었네

가엾은 저 루돌프 외톨이가 되었네

안개 낀 성탄절 날 산타 말하길

루돌프 코가 밝으니 썰매를 끌어주렴

그 후로 사슴들은 그를 매우 사랑했네

루돌프 사슴코는 길이길이 기억되리

자~, 이제 분석해봅시다.

가사에 의할 것 같으면, 루돌프는 코가 빨개서 다른 동료들에게 왕따였어요. 🐻 아예 대놓고 놀려대며 웃기까지 했다네요. 게다가 노래하는 제3자는 '가엾은 저 루돌프'라면서도 방관만 하고 있었어요. 그러던 어느 날, 안개 낀 성탄절에 우리의 산타 할배가 등장하심다!

그러면서 루돌프에게 코가 밝으니 썰매를 끌라고 하신 후로 갑자기 스타가 되네요. 즉, 원래 루돌프는 산타 썰매를 끌던 1군 멤버가 아니었단 겁니다!

참고로 산타 썰매는 8마리 순록이 몰아요. 원래 이들 1군 순록마다 이름이 있답니다. 1822년 〈크리스마스 전야(The Night before Christmas)〉란 시에 등장하는데요. 이들 8마리 순록은 각각 커미트, 큐피트, 벡센, 댄서, 프랜서, 블리즌, 대셔, 도우너입니다. 이들의 대장 도우너에겐 여자친구 클라리스도 있다네요. 🐻

왜 저 시에 나오는 8마리 순록 중에 루돌프가 없는지 의아해하실 텐데 루돌프는 1939년에 처음 등장해서 예전엔 없었던 것이죠. 🐻

추운 겨울엔 원래 안개가 안 끼는데, 지구 온난화로 안개가 끼는 상황이 되자 산타가 루돌프를 찾았고, 산타에게 귀염을 받게 되어서야 주변 동료들로부터 사랑을 받았단 거네요.

무심한 산타 할배 같으니라고! 진작 챙겨주었으면 조기에 왕따 상태를 벗어났을 것을…… 🐻

'울면 안 돼' 캐롤의 유래

'루돌프 사슴코' 캐롤을 분석한 여세를 몰아 캐롤 '울면 안 돼' 이야기도 해볼까 합니다. 우리말 버전은 아실 테고. 영어가사를 보시면 조금 섬뜩합니다.

> You better watch out
>
> You better not cry
>
> Better not pout
>
> I'm telling you why
>
> Santa Claus is coming to town.

> He's making a list
>
> He's checking it twice
>
> He's gonna find out
>
> Who's naughty and nice
>
> Santa Claus is coming to town.

이 노래를 보면 산타는 스토커이기도 합니다. 모든 아이들의 1년 간 잘잘못을 리스트업하고 그것도 2번이나 꼼꼼히 살펴서('트와이스' 팬이라고 해석하면 안 돼요~! 🐻) 상도 주고 벌도 준다는 거죠. 어째 연말에 부서원 고과 매기는 부서장 같네요. 🐻

실제 유럽에서 산타는 선물만 주는 게 아니라 나쁜 아이는 벌을 주기도 하는 존재인데요. 지금도 독일, 네덜란드 등에선 산타와 함께 다니는 무서운 조수가 축제에 등장하고 있지요.

(유럽판 망태기 할배, 염소형 악마, 크람푸스입니다.)

바로 크람푸스(Krampus)입니다.

이 크람푸스는 원래 사악한 마귀였는데 산타 할배와의 맞짱에서 패한 후 조수로 채용되었다고 합니다. (오~, 산타 할배에게 그런 능력이! 🐻) 그러고 보면 산타는 이미지 관리를 위해 좋은 일은 본인이 하고, 궂은일은 크람푸스에게 대신 시키고 있는 거네요. (아아~ 나빠요! 🐻)

산타에게 이 같은 무시무시한 조수가 있어서 아이에게 상이나 벌을 주는 건, 원래 유럽인들에게 크리스마스란 우리나라로 치면 설날이나 추석과 같은 가족 명절이기 때문입니다.

즉, 1년에 한두 번 얼굴 보는 친척을 포함해 대가족이 모이게 되면 자녀와 조카들이 모이게 되는데, 집안 어른들이 직접 상이나 벌을 주면 상처받으니까 상은 산타가, 벌은 크람푸스가 주는 걸로 해서 아이들을 훈육했기 때문이라고 하지요.

이와 유사하게 일본 동북부 지방에서도 새해를 맞는 밤이면 동

(일본 나마하게 도깨비 축제)

네 청년들이 도깨비 탈을 쓰고 집집마다 돌면서 아이들에게 뭘 잘 하고 잘못했는지 물어서 상과 벌을 주는 '나마하게(なまはげ)' 풍습이 있는 걸로 봐선 전통 사회에선 나름 아이들에게 좋은 교육 수단이었나 봅니다.

그래서 유럽에선 크리스마스 즈음이면 아이들이 그간의 행실에 따라 선물은커녕 잡혀가지 않을지 스트레스를 받는다고 하죠. 🐻

하지만 미국에선 추수감사절이란 별도의 가족 명절이 있다 보니 크리스마스는 흥청망청 즐기는 새해맞이 분위기가 되면서 루돌프 썰매를 타고 선물을 나눠 주는 착한 산타클로스만 알려지고 이게 태평양을 건너 우리에게도 전해진 거지요.

그나저나, 우리나라에선 어째 크리스마스가 젊은이들에겐 연애 축제, 아이들에겐 부모에게 장난감 사 달라고 떼를 쓰는 요상한 기념일로 변질되고 말았네요.

또한 우리 고유의 명절, 설날도 아이들이 어른들에게서 세뱃돈이나 뜯어내는 날로 전락하고 말았는데, 돈이나 선물을 못 주는 어른을 무능력자로 인식하지 않도록 좀 더 우리 어른들이 아이들에게 명절의 올바른 가치관을 일깨워주는 날이 되었으면 합니다.

우리나라 전래는 언제?

그나저나 우리나라에선 언제부터 크리스마스와 산타클로스가 알려졌을까요?

우리나라에서 크리스마스가 널리 알려진 건 1920년대, 당시엔 일제 치하 어려운 시절이라 일부 기독교인들의 축제일뿐이었다지요.

그래서 당시 〈조선일보〉가 1924년 12월 20일자 기사에 "산타의 선물이란 것은 실은 부모들의 속임수"라고 폭로 고발 기사를 썼다나 뭐라나~! 🐻

그러나 이미 1936년엔 일본의 크리스마스이브 데이트 유행이 우리나라로 건너오면서 다방 주인들이 크리스마스 티켓을 손님에게 팔고 바가지요금을 씌우다 일본 순사가 집중 단속할 정도로 널리 퍼져 나갔다고 하네요. 🐻 아니 80년 전에도 이런 얼리어답터들이 ……. 🐻

(1924년 12월 20일자 〈조선일보〉. 그런데 삽화 그림 옆 설명이…… '사진은 싼타클로스'! 이게 진짜 사진이면 세계적 특종인데? 🐻)

해방 후 통행금지가 시행되던 시절엔 1년에 딱 2번, 크리스마스 이브와 새해를 맞는 12월 31일 밤에만 통행금지가 해제되는 '해방된 밤'이라 더욱 흥청망청 했었지요. 🐻 지금 젊은 사람들은 잘 모르지만 1982년 1월 5일 이전엔 밤 12시~새벽 4시에 돌아다니면 통행금지 위반했다고 잡혀 갔답니다.

요즘 길거리 어디서도 캐롤송을 듣기 힘들지요? 그건 캐롤송을 틀면 저작권 권리자에게 사용료를 물어야 하기 때문이에요. 점점 크리스마스의 흥취가 사라지네요.

이상 주생활 이야기하다가 '갑툭튀' 나온 산타 할배 이야기를 마칠까 합니다.

03
빙하기와 유목민

잠시 산타 할아버지에 대해 심층탐구를 했는데요. 다시 이야기를 돌려 보면, 지역 특성에 따른 주거 문화의 차이는 해당 문화권의 의식에도 큰 차이를 이루는 원인을 제공하게 됩니다. 하지만 우리가 정착해 살기 시작한 것은 그리 오래되지 않았습니다.

1만 2,000년 전 신석기시대 농업혁명이 일어나기 전, 인류의 조상, 오스트랄로피테쿠스 당시부터 감안하면 200만여 년간 모든 인간은 식량을 찾아 정처 없이 수렵과 채집 활동을 하며 돌아다닌 유목민들이었습니다.

그러니 견고한 주택 형태가 아닌 동굴 속, 나무 위 등지에 임시 거처를 마련하거나 초원지대에선 텐트 모양의 임시 주거지를 만들었다가 이동 시 철거하는 방식으로 살았지요. 그런데 다시 생각해보면 조상님들이 살아가신 지난 200여 만 년 기간은 빙하기시대였습니다.

알고 보자, 빙하기시대

영화 '설국열차', '투모로우', '아이스 에이지' 등 빙하기를 묘사한 영화를 보면, 죄다 전 지구가 꽁꽁 얼어붙은 것으로 묘사하고 있는데요.

이런 영화를 보면서 많은 이들이 빙하기가 오면 전 지구가 얼음 덩어리로 변해 생명체가 절멸할 것으로 생각합니다. 그러나 이런 빙하기 이미지는 '가리지날'입니다. 🐻

빙하기 시절 온 지구가 이랬다면 대체 200만 년 동안 우리 조상은 물론 지구상의 생명체는 어떻게 살아남았겠습니까? 🐻

빙하기가 오는 원인은 여러 요인이 복합적으로 겹치는 것인데, 공룡이 활보하던 중생대는 따뜻하고 평화롭던 시기였습니다. 그러니 그런 큰 덩치의 생명체가 살아갈 수 있었지요. 당시 공룡에겐 성장이 멈추는 DNA가 없어 죽을 때까지 계속 컸고요, 지금보다 자전이 빨라 하루가 22시간이었대요. 🐻

하지만 6500만 년 전, 30미터 크기의 운석이 멕시코 유카탄반도에 떨어지면서 엄청난 충격과 함께 지축이 흔들리고 흙먼지가 대기를 덮으면서 태양열을 받지 못해 빙하기가 초래되는 지구 역사상 다

섯 번째 대멸종이 시작되어 공룡이 지배하던 중생대가 종결되고 신생대가 시작되어 오늘날까지 이르게 됩니다.

최근의 빙하기 기후 기록을 보면, 지구 전체 기온은 현재에 비해 평균 6도 정도 낮아집니다. 가장 추웠던 1만 8,000년 전 뷔름빙하기 전성기 때도 지금보다 10도 낮았습니다. 그러니 열대지방까지 얼음에 뒤덮이진 않죠. 물론 엄청난 피해는 있었지만요.

우리가 흔히 역사시대라 부르는 지난 1만여 년은 빙하기와 빙하기 사이의 간빙기 기간이었고, 인류의 조상들이 출현한 후 지난 200만 년간 크게 4번의 대빙하기, 더 자세히 구분하면 17번의 빙하기가 있었는데도 우리 조상님들은 슬기롭게 대처해나갔습니다.

당시 빙하는 중부 유럽 일대까지 내려오긴 했지만 적도를 중심으로 위도 30~40도 선까지는 스텝 기후대가 넓게 펼쳐져 인류가 사냥을 하고 채집을 하기에는 안성맞춤이었습니다. 그러니, 굳이 힘들게 농사를 짓지 않아도 빙하기 시절 인류는 수렵과 채집 활동으로 일정 인구는 계속 유지할 수 있었습니다. 하지만 그런 좋은 시절이 끝나는 결정적 사건이 터지고 맙니다.

즉, 빙하기가 끝난 것이죠. 마지막 빙하기가 끝나 가던 1만 1,600년 전 어느 날, 기온이 오르면서 순식간에 빙하들이 녹아내려 수백 미터 높이의 거대한 해일이 전 대륙을 덮치고 해수면이 무려 120미터나 솟아올라 바닷가는 모조리 바닷속으로 잠겨버립니다.

지난 동남아 쓰나미는 애들 장난 수준. 후덜덜~. 🐻

아틀란티스 침몰, 《성경》에 나오는 노아의 방주는 다 이때의 사건을 묘사한 거죠.

지중해에 많은 유적이 바닷속에 있는 것은 잘 알려져 있지만 아시아에서도 실제로 대만과 중국 사이, 오키나와 주변 바닷속에도 거대한 성벽 유적이 잠겨 있답니다. 🐻

세계에서 가장 오래되었다고 인정받는 문헌, 인도 경전《베다》에는 이런 이야기가 전해집니다.

'마누'라는 남자가 인더스 강가 도시에 살고 있었습니다. 어느 날 '비슈누' 신이 착한 남자로 소문난 마누의 심성을 테스트하고자 물고기로 변신한 '맛시야'로 나타나 살려 달라고 하고, 마누가 미물인 물고기의 소원을 들어주는 것을 확인하고는 "조만간 대홍수가 일어나니 배를 준비하라."는 계시를 하기에 큰 배를 준비해 대홍수의 재앙 속에서 여러 동물을 모아 피난을 합니다.

어느덧 히말라야 산 꼭대기에 닿았을 무렵, 물이 빠져 지상에 내려왔지만 미처 여자를 못 실은

(새 이론으로는 노아의 방주가 원래 2개였는데 공룡이 탄 배가 가라앉았다능~! 🐻)
(출처 구글 이미지)

ONE MORE THEORY

상황. 🐻 이에 가엾게 여긴 신들이 여자를 만들어주어 다시 인류를 번성시켰다고 합니다.

산스크리트어에서 인간을 '마나와'라고 하는데, 이는 '마누의 후손'이란 뜻이라고 합니다.

어째 아담과 이브, 노아의 방주를 한데 섞은 것 같죠?

이런 대홍수 신화는 세계 곳곳에 존재한답니다. 즉, 당시 대재앙의 생존자들의 입에서 입으로 전승되어 온 것이죠.

농업혁명의 진실

이처럼 급격한 환경 변화로 바닷가에 살면서 어느 정도 문명을 가꾸어가던 인류의 거주지는 바다 해일에 대부분 잠기게 되면서 다시금 새 출발을 하게 됩니다.

이런 과정에서 중동 지역에서 역사 기록에 남는 첫 농사가 시작되니 이것이 바로 인류의 역사시대를 여는 농업혁명이 됩니다.

역사책에서 농업혁명이 일어나면서 비로소 정착생활을 하게 되어 원시 사회가 구성되고 인류가 거대한 출발을 했다고 큰 의미를 부여하나……, 이는 '가리지날'! 🐻

빙하기가 끝나며 닥친 기후 격변으로 그동안 거주하던 수많은 땅들이 바다에 잠기면서 수렵할 수 있는 동물이 줄어들고 나무 식생도 바뀌어 먹을 게 줄어듭니다. 그러자 생존 차원에서 식물을 직접 1년 내내 키워야 하고, 수렵하던 짐승을 직접 길러야 하면서 땅에 얽매이게 되어 수렵 시절보다 육체노동이 증가하게 됩니다. 또 농사를 유지하기 위해 더 많은 아이를 낳아야 했으며, 단백질 부족 등 악화된 영양섭취와 인구 과밀화에 따른 전염병 증가 등 대다수 인류는 삶의 질이 악화되기에 이릅니다.

하지만 이후 생산 기술이 발전해 잉여 생산물이 발생하면서 힘센 이가 지배자로 변하고 타 부족을 공격해 전리품을 얻고 청동기에 이어 철기를 개발해 전쟁 규모가 커지고 더 큰 문명으로 나아가게 됩니다.

이 같은 농업혁명은 빙하기 이후 온대지방을 중심으로 확장되고 기원전 6000년 무렵에는 빙하기 이후 가장 온난한 기후가 펼쳐지면서 저 멀리 아시아 북방 지역까지 정착민이 진출하게 됩니다.

반면 극지방이나 열대지역 등은 농업이나 목축 자체가 불가능해 여전히 수렵 생활을 하는 유목민으로 남으면서 적은 인구와 낮은 문명을 이루며 고립되기 시작합니다.

《성경》 '창세기'에 카인과 아벨 이야기가 나옵니다. 아담과 하와에겐 두 아들이 있었는데 형 카인은 농부가 되었고, 동생 아벨은 양치기가 되지요. 하지만 하나님에게 바치는 공물 건으로 다툼이 벌어지고, 시기한 카인이 결국 아벨을 살해함으로써 인류 최초의 살인 사건이 발생합니다. 결국 이 이야기는 유목민과 정착민 간의 갈등에서 결국 정착민이 승리한 과정을 묘사한 것이란 해석이 있습니다.

하지만, 기원전 6000년 이후 다시 지구가 서서히 냉각되면서 고위도 지역까지 올라갔던 정착민들은 농사를 지을 수 없게 되자 어쩔 수 없이 다시 저위도 지역으로 이동하게 되는데, 동양권에서는 흉노로 대표되는 농경 민족이 농사를 짓기 위해 남하하면서 중원의 중국인들과 충돌하게 되어 기존 정착민은 만리장성을 쌓는 등 방어를 하게 되고, 길이 막힌 북방민들은 반농반목 상태로 지내게 됩니다. (이 부분은 앞서 2부에서 '쌀과 밀' 이야기를 하면서 이미 언급했지요.)

우리는 흔히 유목민은 다 원시적이고 후진적이라고 생각하는데, 이처럼 역사에 나오는 북방 민족은 처음부터 유목민이던 집단과 원래는 농사를 지었으나 기후 변화로 인해 어쩔 수 없이 유목민으로 변해간 집단으로 구분할 수 있고, 두 집단은 달랐습니다.

기존 농경 문화를 형성하다가 날씨가 추워진 탓에 본의 아니게 반농반목민으로 돌아간 이들은 상호 네트워크를 형성해 유럽에서부터 동북아시아까지 '초원의 길'을 만들어 기원전 문명간 인적, 물적 교류를 담당하게 됩니다.

이후 이들 유목 민족은 중국으로 남하했고, 5호16국 시대를 거쳐 수, 당 시대에 이르자 수, 당 제국의 황제들도 모두 북방계 출신이어서 개방적이었던 덕에 기존 오리지날 중국인 왕조와 달리 대외 교류에 적극적으로 나섭니다. 그들은 기존 초원의 길 경험을 살려 실크로드를 만들게 되고, 이후 이슬람 문명과 바닷길로도 연결되어 동서양을 연결하게 만듭니다.

우리 민족의 주류인 예족, 맥족 역시 저 멀리 바이칼 호수 근처까지 북상해 살다가 기를 쓰고 만주와 한반도로 내려오게 된 것도 다 지속적인 기온 저하 때문이었습니다.

빙하기 시절 한반도는 초원이 우거진 마른 땅이었지만, 이후 간 빙기가 되면서 잠시나마 매머드와 코뿔소가 뛰어놀던 아열대우림 지역으로 변해 해안가를 제외하고는 사람이 농사짓기 힘든 곳이었 지만 서서히 온도가 냉각되어 지금과 같은 기후로 변한 것이죠.

우리 역사 초기에 요동 및 만주 등 북쪽 지역에서 먼저 고조선, 부 여 등의 국가가 성립된 것도 이미 정착 생활을 통해 사회화가 이루 어진 집단이 남하했기에 가능했던 것이고, 이후 기온이 더 낮아지면 서 만주 지역의 논농사가 어려워진 반면, 한반도가 농사에 적합한 지역이 되면서 우리 역사의 중심이 남쪽으로 내려오게 되는 겁니다.

이에 초기 우리민족 문명은 이들 북방 유목 문화와 밀접하게 연 결되어 신라의 황금관 등 북방계 문명이 들어왔으나, 이후 중국의 힘이 커지고 이들이 만주 지역까지 북상하면서 우리민족의 북방 루 트가 단절되었고 결국 삼국시대 중반 이후 급속히 중국화의 길을 걷 게 됩니다.

당시 수, 당 제국은 유목민 출신 건국자가 설립한지라 개방적이 어서 우리나라에서도 삼국시대에 이어 통일신라시대까지 많은 신라 인들이 중국으로 건너 가 신라방을 형성하는 등 유통 네트워크에 적 극 참여하게 됩니다.

이후 중원이 중국인들 손에 넘어간 송나라, 명나라는 폐쇄 정책 으로 일관해 교류가 축소된 반면, 몽골이 지배한 원나라 기간에는 또 다시 자유로운 왕래가 가능해지는 등 유목민과 정착민 정권에 따라 교류의 수준과 범위에서 큰 차이가 났지요. 그래서 우리 역사에서도 삼국 후기, 통일신라, 고려 후기에는 중원으로 진출해 출세하는 경우가 많이 등장했습니다.

이처럼 역사시대 이후에도 유럽과 동아시아를 잇는 중앙아시아 지역을 중심으로 지속적으로 동서양 문명 교류에 큰 역할을 담당하던 유목민 문명은 이후 동서 양쪽에서 큰 타격을 입게 됩니다.

동쪽에서는 1368년 원나라가 홍건적 대장 주원장에게 쫓겨나 몽골 초원으로 후퇴하면서 교류가 차단되기 시작합니다. 하지만 중원에서 밀려난 후 북원(北元)이라 불린 몽골제국은 아직 완전히 멸망하지는 않아 러시아 일대까지 북부 초원을 지배하며 교류 수익을 챙겨왔죠. 그러다 러시아제국의 출발을 알린 영웅이자 또라이인, 이반 뇌제(Ivan IV, Ivan the terrible)가 출현하면서 1552년 모스크바 지역을 차지하고 있던 몽골제국의 카잔 한국이 패배하고, 잇따라 1554년에는 볼가 강을 차지하고 있던 이스트라한 한국도 점령당하면서 이들 유목민은 동쪽으로는 명나라에, 서쪽으로는 러시아에 포위당하게 됩니다. 이후 북원은 결국 청나라에 의해 멸망하면서 유목민은 러시아와 청제국에 흡수되기에 이르고 이동이 제약되면서 동서 네트워크가 완전히 차단당하게 됩니다.

이후 300여 년간 서양과 동양은 서로 너무 먼 사이가 되었고, 다시 나타난 서양은 그사이 총기류의 발달과 산업혁명에 의한 대량생산 체제를 갖춘 제국주의 세력이 되어 단순 교류 수준이 아닌 침략자로 등장하게 됩니다.

이처럼 문명의 발전과 쇠퇴에는 기후가 큰 역할을 했으나 오랫동안 역사학계와 과학계는 이 부분에 대해서는 서로 무심했죠. 하지만 최근 과학계와의 콜라보레이션을 통해 새로운 사실이 많이 밝혀지고 있답니다.

정착민과 유목민의 문화 차이

이처럼 정착민과 유목민은 여러 면에서 문화적 차이를 갖고 있는데, 우선 주거지 면에서 정착민은 고정된 가옥을 짓고, 유목민은 이동식 주택을 들고 다니는 것은 쉽게 이해가 되실 겁니다. 또한 차이점으로는, 가족 내 지위에서도 유목민은 어머니가 우위인 사회인 경우가 많습니다.

그럴 수밖에 없는 것이, 유목 사회에선 남성들은 사냥을 하다 죽거나 타 부족과 전쟁을 통해 사망하는 경우가 많아 어머니와 부락 여성들이 대신 키워주던 모계 중심 공동체 사회였기 때문에 그러한 사회 풍속의 영향을 은연중에 보이는 거지요.

반면 정착 생활을 시작한 사회는 남성이 사냥하러 나갔다가 사라질 확률이 낮아지고 강력한 무기로 자기네 영역을 지키게 되면서 남성 우위 사회로 변모한 것입니다. 즉, 남성이 여성보다 우위인 시대는 인류의 긴 역사에서 농업혁명과 함께 최근에야 발생한 특이한 상

황이랄 수 있겠네요. 그러니 아내를 잘 모십시다~! 🐻

그리고 농경 문화와 유목 문화는 재산 상속에서도 큰 차이가 있습니다.

농경 정착 사회에선 재산을 장남에게 몰아주는 것이 동서양을 불문하고 공통된 현상이었지만, 유목 사회에서는 막내에게 물려주는 것이 당연시되었습니다. 이는 정착민은 자기가 소유한 땅이 주요자산인데 자식들에게 골고루 나눠 주다 보면 결국 재산 가치가 떨어지니 본인이 처음 낳고 가장 오랫동안 곁에 있던 장남에게 부동산을 통째로 물려주고, 그 외 값나가는 물품을 나머지 자녀에게 나눠 주게 됩니다.

그래서 놀부는 부자가 되고 흥부는 가난뱅이였으며, 《장화신은 고양이》에서도 큰아들이 땅을 갖고 주인공인 셋째아들은 고양이만 받은 거지요. 🐱

반면, 유목민은 막내아들에게 갖고 있던 천막이며 가축 등 자산을 물려주게 됩니다. 왜냐면 유목민들은 인구가 늘어나면 수렵하거나 길러서 먹을 식량이 모자라므로 일정 기간이 되면 자식을 장남부터 독립시켜 내보내게 됩니다. 그러니 부모 곁에 끝까지 남아 봉양하는 것은 막내의 몫! 부모는 이미 재산을 나눠 떠나보낸 뒤 어디로 갔는지 알지도 못하는 자녀 대신 마지막까지 남은 막내에게 재산을 물려주게 되는 겁니다.

조선 태조 이성계가 막내아들 방석을 세자로 책봉했다가 왕자의 난이 일어난 것도 함께 살아온 유목민 여진족 풍습에 젖어 그 사달이 난 게 아닌가 하는 학설도 존재하지요.

역사적으로 몽골 원제국은 막내에게 왕위를 계승했는데, 17세기 중원을 제패한 만주족의 청제국은 중국화되면서 후계를 유목민 전통처럼 막내에게 줄 것이냐, 아니면 정착민 전통인 장남에게 줄 것이냐 갈팡질팡하게 되었고, 왕자간 피비린내 나는 내전을 겪습니다.

또한 그리스 신화 속 최고 신 제우스 역시 막내인 걸로 봐선 그리스인(도리아인)들 역시 그리스 반도에 정착하기 전 유목민 출신이었던 것을 알 수 있습니다. 그리고 《성경》에서도 예수님이 공식 호적상으로는 아빠는 목수 요셉, 엄마는 고귀한 동정녀 마리아이신데, 비록 신약성경 첫 머리에 아브라함에서부터 예수에 이르기까지 부계 중심으로 연속성을 나열했지만, 이후 마리아도 역시 숭배의 대상이 된 것으로 보아 이 역시 모계 중심이던 유목민 사회의 인식과 여신 숭배 전통이 남아 있는 것이라고 해석하는 학자들도 많답니다.

이처럼 주거지 차이는 개인뿐 아니라 그 민족과 문명권의 차이에도 결정적 원인을 제공해왔고, 이 같은 1만 2000년의 역사시대 출발점은 바로 빙하기의 종말에서 시작된 것입니다.

그런데 앞으로 닥칠 빙하기는 그 원인이 운석이나 태양이 아닌 바로 우리, 인간일 가능성이 점점 커지고 있습니다. 즉, 별도의 냉각제를 뿌리지 않더라도 급격한 지구 온난화로 인해 빠르면 100년 내 빙하기가 닥칠 것이란 우려가 나오고 있습니다. 엥? 요새 지구가 따뜻해진다고 난리인데 왜 빙하기가 오냐고요? 🐻

최근 지구 온난화 덕에 북극 바다가 녹으면서 우리나라도 유럽행 북극항로 개척을 통해 물류비용이 크게 절감될 것으로 기대하지만, 그건 경제적 관점에서만 그런 것이죠. 기후학자들이 보기엔 아주 불안한 시점입니다.

그 이유는 따뜻한 날씨로 인해 북극의 얼음이 녹으면서 해류의 흐름이 정지될 수 있기 때문이지요.

우리 지구는 적도 지방에서는 따뜻한 물이 북반부로 이동하고 북극에서는 차가운 물이 가라앉아 심층수를 이루며 적도로 이동해 적도와 극 지방 사이의 열 교환이 이뤄지는데, 이것이 바로 전 지구적 해수 순환 시스템이며 이를 통해 현재의 기후가 유지되고 있습니다.

우리는 기후 변화 그러면 대기를 떠올리지만 실제로 대기보다 바닷물이 3배 가까이 열을 보유하기 때문에 해류의 흐름이 더 큰 역할을 수행합니다. 그래서 우리보다 훨씬 북쪽에 위치한 유럽이 따뜻한 이유가 바로 멕시코만류 때문입니다.

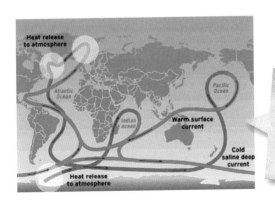

(해류 순환 시스템. 주황색이 따뜻한 해류, 파란색이 심층 차가운 해류인데요. 저기 흰 부분, 즉 영국 위 북해 지역이 위험합니다.)
(출처_www.bowdoin.edu.)

이 같은 해수 순환의 원동력은 북대서양의 높은 염분 농도 때문인데, 이 지역의 차갑고 염분이 높은 바닷물이 깊이 가라앉는 덕분에 전 지구 차원의 해수 순환이 이뤄지는 겁니다. 그런데 북대서양에 빙하가 녹아 바다로 들어가면서 바닷물의 염분이 떨어져 바닷물이 가라앉지 못해 해수 순환이 느려지고 있답니다. 이런 추세대로라면 100년 내 멕시코만류 속도가 30퍼센트 떨어질 것으로 보인다고 예상된다네요.

이럴 경우 유럽과 북미 대륙은 혹한기에 처하게 되고, 해류 흐름이 정지되는 최악의 경우 유럽은 알프스 이북, 북미는 캐나다 전역과 미국 북부지역은 빙하로 뒤덮일 수 있습니다. 다만, 남반구는 그리 큰 피해가 없을 겁니다.

왜냐……? 북반구는 대륙이 많은 반면 남반구는 바다가 많기에 열 보유량이 더 많아 따뜻하기 때문입니다. 따라서 돈 많으신 분은 어여 열대나 남반구 땅에 투자하시기 바랍니다.

아~ 그럼 우리나라는 어떻게 되냐고요? 한반도는 더 추워지지만 빙하까진 안 내려온다네요. 예전처럼요. 하지만 현재와 같은 논농사는 불가능! 알프스 초원처럼 온 나라가 풀밭인 스텝 기후대가 될 것으로 전망됩니다.

하지만 이보다 더 중요한 건 빙하가 늘어나면 바닷물이 줄어듭니다. 따라서 다시금 1만여 년 전처럼 우리나라 서해는 땅으로 변하고 동해는 연못으로, 일본과는 육지로 연결된다는 거! 하지만 이 정도로 빙하기가 진행되기까지는 수백, 수천 년간 서서히 변하게 되는데 앞서 길게 설명드린 것처럼 실제로는 빙하기가 시작되는 것보다 끝나는 게 더 무섭습니다.

앞으로 우리 후손들이 빙하기에 잘 대비할 수 있도록 이제부터라도 급속한 온난화로 인한 빙하기의 도래는 막고 완만한 온난화로 빙하기를 조금이나마 지연시킬 수 있는 지혜가 모아져야 한다고 생각합니다.

04

우리 할매는 아마존 여전사

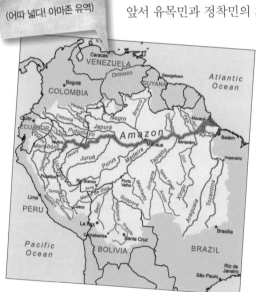

(어따 넓다! 아마존 유역)

앞서 유목민과 정착민의 차이를 길게 설명했는데 요. 현재 지명에서도 이들 유목민의 영향이 많아 남아 있답니다.

수년 전 MBC 다큐멘터리 〈아마존의 눈물〉에 이어 SBS 〈정글의 법칙〉에서 병만족이 찾아간 브라질 아마존(Amazon)은 지구에서 가장 드넓은 열대우림 지역으로 지구 산소량의 20퍼센트나 만들어내는 곳입니다.

이곳을 흐르는 아마존 강은 길이가 7,062킬로미터로 세계에서 가장 긴 강인데다가, 담수량 역시 20퍼센트나 차지해 미시시피 강, 나일 강, 양쯔 강을 합친 것보다 많다고 하죠.(산소-담수량 부문 20-20 클럽 달성~)

(미쿡 시애틀 아마존 본사)
(© Jordan Stead)

더군다나 요즘 전 세계를 강타 중인 온라인 구매 사이트 이름 역시 아마존닷컴(Amazon.com).

그런데 이 아마존이란 명칭은 '가리지날'입니다. 🐻 오리지날은 그리스 신화에 나오는 여전사 부족 아마조네스(Amazones)예요.

그리스 신화 속 아마존(아마조네스)은 군신 아레스와 님프 하모니아를 선조로 하는 부족으로, 팔에 활과 창, 가벼운 양날 도끼, 반쪽 방패 등을 들고 투구를 쓴 모습으로 묘사됩니다.

(겁나 무서븐 아마조네스 언니들. 폴 르루아 그림)

이들은 활을 사용할 때 걸리적거리는 오른쪽 유방을 잘라버려서 a(부정) + mazos(유방)이라고 그리스인들이 이름 지었다고 하네요. (왕 무섭! 🐨) 영어에서도 두(do)의 반대말로 아두(ado)란 단어가 있어요.

215

최근 DC코믹스에서 야심차게 밀고 있는 영화 '원더우먼'의 고향이 바로 여기 아마조네스이죠.

오리지날 아마존은 고대 그리스인들에겐 미개척지였던 흑해 연안, 지금의 우크라이나 지방이에요. 역사학자들은 이들 여전사 부족이 스키타이족이 아닌가 추정한다고 합니다.

스키타이족은 고도의 철기 기술을 가진 기마민족으로서 남녀를 불문하고 말을 타고 다니며 수렵과 정복사업을 벌였는데, 여성도 전투에 참여한 것에 강렬한 인상을 받아 여전사만 있는 무시무시한 부족이란 소문이 확대된 것이라고 여기는 거죠.

반면 가리지날인 브라질 아마존 유역은 1500년경 유럽인들이 최초 발견했을 땐 '파라논'이라 불렸다는데, 현재와 같은 이름으로 바뀐 계기는 16세기 초반 스페인 탐험대가 이 지역 밀림에서 여전사들을 만난 게 계기가 되어 그리스 신화 속 아마조네스를 따온 것이라고 하네요. 당시에도 그리스 신화 마니아가 많았나 봐요. 🐻

놀랄 얘기는 이제부터! 알고 보면 오리지날 아마존 여전사의 모델이 된 스키타이족은 우리 민족 고대사와도 아주 밀접한 관련이 있답니다. 🐻 경주 신라 왕릉에서 화려한 왕관과 황금보검 등이 나온 것은 잘 알고 계시죠?

그런데 이 황금 보물은 중국이나 일본, 심지어 고구려나 백제에도 안 나온답니다. 무덤 양식 또한 적석목곽분(積石木槨墳)인데 이건 한반도에선 신라에서만 나타나죠. 이 황금 숭배와 동물 모티브의 장식물은 스키타이 문명권의 유물로서, 흑해 연안 불가리아에서 초

원의 길을 따
라 돌궐, 흉노,
북만주, 신라에
서만 발견되는
데 전 세계적으로
아주 희귀한 보물
들이에요. 출토된
황금 왕관은 전 세
계에 10여 개에 불과

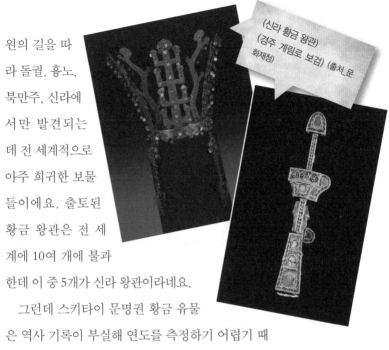

(신라 황금 왕관)
(경주 계림로 보검) (출처 문
화재청)

한데 이 중 5개가 신라 왕관이라네요.

그런데 스키타이 문명권 황금 유물
은 역사 기록이 부실해 연도를 측정하기 어렵기 때
문에 전 세계 역사학자들에게 신라 황금 보물이 스키타이 문명권 유
물 연대 측정의 기준이 되고 있어요. 이 역시 잘 안 알려진 문화 한
류이기도 하네요. 🐻

그래서 한반도가 과거엔 중국 문화뿐 아니라 북방 유목 문명을
많이 흡수했다는 것이 유물로 확인되었지만, 이 같은 유물은 제작
이 매우 어려운 것이어서 고도의 전문 기술자 없이 대강 눈대중으로
베껴서 제작할 수가 없는 것이기에 단순한 문화 전파가 아니라 인적
교류가 있지 않았나 추정만 했죠. 그런데 최근 DNA 기술이 발달하
면서 신라 무덤 유골을 분석한 결과, 엄청난 사실이 드러나기 시작
했습니다.

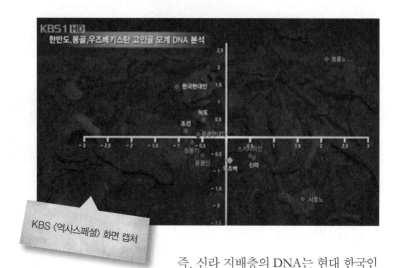

즉, 신라 지배층의 DNA는 현대 한국인
이나 조선시대 유골 DNA와 달리 모계 DNA가 스키타이 DNA와
거의 동일하다고 나온다는 겁니다!!! (와우~, 언빌리버블!!! 🐻)

못 믿겠으면 KBS 다큐멘터리 〈역사스페셜〉을 찾아보세요. 중앙
대 의대에서 실제 분석했어요.

즉, 황금 왕관을 쓴 신라 왕족은 북방 문물만 수입한 게 아니라
아예 그 쪽 사람들이 지배층으로서 이 땅에 온 것입니다. 또한 가야
무덤에선 실제로 인도 남부 타밀 지역 DNA와 유사한 인골이 여럿
나왔답니다. 🐻

그 옛날에 인도에서 어떻게 배 타고 여기까지 오냐며 김수로왕비
허 왕후가 인도 아유타국 공주라는 기록은 불교가 전파된 후 신격화
하기 위한 것이란 역사학계 주장이 많았는데, 이제 그 말은 쏙 들어
가게 되었습니다. 심지어 당시에 불교가 바로 가야 지역으로 유입되

었을 것이란 견해까지 나오고 있지요. 실제 김해 허 씨 가문 유물 중 인도식 석탑인 파사석탑이 있습니다.

즉, 7세기 수, 당 통일제국이 들어서면서부터 중화 문명권에 치이기 전까진 한반도는 매우 글로벌한 지역이었다는 거죠. 2000여 년 전 이 땅 한반도에는 흑해 스키타이 여전사부터 인도 공주까지 겁나 머나먼 지역에서 온 여성들이 우리 민족의 조상으로 융화되었다는 겁니다.

아~ 어쩐지……, 우리나라 여성들이 각종 운동경기에서 남성들보다 더 뛰어난 게 다 이유가 있었어! 오리지날 아마존 여전사가 우리 할매들이시니! 🐻

05
금도끼 은도끼

앞서 아마존 여전사가 우리 할매들이었다고 했는데 설마 그럴 리가 ~ 싶으신가요? 그럼 딴 증거도 하나 알려드려야겠네요.

전래동화 중 착한 마음씨를 가지란 교훈이 담긴 '금도끼 은도끼'가 있습니다. 스토리는 다들 아시죠?

착한 나무꾼이 산에 나무하러 갔다가 그만 연못에 쇠도끼를 빠트렸는데 연못 속에서 산신령이 나타나 "금도끼가 니 도끼냐, 은도끼가 니 도끼냐?" 묻기에 "아니요. 제 도끼는 낡은 쇠도끼입니다."라고 하니 산신령이 탄복하며 "이런 착한 놈을 봤나. 옛다! 금도끼 은도끼도 다 가져라~." 했다는 가슴 따뜻한 이야기요.

근데……, 이 산신령은 '가리지날'입니다. 😈 산 넘고 물 건너 오래 전 건너 온 외쿡 이야기입니다.

그럼 오리지날 산신령은 누구냐? 그 분은 바로 그리스 신화 올림포스 12신 중 막내인 헤르메스(Hermes) 신입니다. 🐻

오래 전 그리스인들 사이에 전해져 내려오던 이 이야기가 머나먼 옛날 초원의 길을 타고 멀리 동아시아까지 전파되어 중국, 한국, 일본에 알려졌다네요. 아 물론, 그 사이 동양식으로 산신령으로 변해버렸지만

(베르사유 궁전에 있는 헤르메스 조각상)

요.(실제 일본 추리소설《수수께끼 풀이는 저녁식사 후에 3》에도 주인공 여형사가 이 '금도끼 은도끼'를 언급합니다.)

아~, 근데 헤르메스가 누군지 잘 모르신다굽쇼? 🐻

이 신은 제우스 신과 거인족 아틀라스의 딸 마이아 사이에서 난 아들인데요. 즉, 본처 헤라가 아닌 다른 여인에게서 태어나 헤라의 눈칫밥을 먹던 아이인데, 머리가 총명해 아기 때 하프와 피리를 발명해 형 아폴론의 재능과 맞바꿨다고 해요. 게다가 음악, 문자, 숫자, 천문, 체육, 올리브 재배법, 도량형을 만든 것도 헤르메스라고 그리스인들은 생각했다네요. 그런데 이 '헤르메스'란 신은, 고대 그리스의 길에 있던 이정표 1미터 크기 석상 이름이 '헤르마', 우리로 치면 장승이나 돌하르방 같은 존재에서 이름이 나왔을 거라고 신화

학자들이 분석한다고 합니다.

이 헤르메스가 나중에 청년이 되어서는 소식을 전하는 메신저 역할이 주 임무였는데, 철없는 아버지, 제우스 신이 저지른 각종 애정 사고를 수습하러 다녔다고 합니다. 🐻

그래서 그리스인들에게 가장 친근한 교통, 나그네, 상인, 파발꾼, 통신의 신으로 널리 숭상되면서 도끼 분실사건도 현명하게 해결했다는 이야기도 만들어졌겠지요?

헤르메스는 막내 신이다 보니 젊은 청년으로 표현되고요. 페타소스라는 날개가 달린 넓은 차양 모자를 쓰고, 발에도 날개가 달린 샌들을 신고, 손에는 케리케이온이라는 뱀과 날개가 달린 전령의 지팡이를 들고 있는 것으로 표현되고 있어요.

그런데……, 모자를 보니 뭔가 연상이 되죠? 맞아요! '네이버'의 날개 모자 오리지날이 바로 헤르메스의 모자입니다.

그리고 언니들이 너무 좋아하는 프랑스 명품 브랜드 '에르메스'가 바로 헤르메스에서 따온 브랜드죠.

네이버 홈페이지 캡처

그리고, 이 헤르메스의 도끼 분실사건 해결 이야기를 그린 17세기 이탈리아의 미술가 이름은 살바토르 로사(Salbator Rosa). (이 미술가 아저씨 이름은 선글라스 명품 브랜드가 되었지요. 🐻)

그리고……, 헤르메스는 로마 신화에서는 메르쿠리우스(Mercurius)로 이름이 바뀌었고 다시 영국으로 건너가서는 머큐리

(Mercury)가 되지요. 그래서 태양계 행성 명칭을 그리스 신 이름으로 정할 때 가장 안쪽에 있으면서 가장 빨리 돌고 있는 수성이 머큐리로 명명된 거예요.

영국 록밴드 퀸(Queen)의 리드 싱어, 프레디 머큐리(Freddie Mercury) 역시 이 '음악의 신' 이미지를 딴 가명이에요.

또한 '세일러 문' 멤버 중 하나도 세일러 머큐리. 🐻

헤르메스가 얼마나 사랑받는 신인지 아시겠지요? 이런 잘생긴 총각 신을 할배 산신령으로 만들다니……. 🐻

(명품 브랜드 에르메스 로고, 근데 너네 프랑스는 왜 H는 발음 안 하고 무시하냐? 엉? 파리 호텔에 갔을 때, 내 이름을 '소옹수크'라 읽어서 화내는 게! 맞다. 🐻)

전에 식당에서 한창 이 얘기로 썰을 풀고 있는데 옆자리에서 느닷없이 한 분이 끼어들더군요.

옆자리 아저씨 : "아. 헤르페스(herpes,대상포진) 이야기하시는군요?"
나 : "아뇨. 그리스 신 헤르메스 이야기하는 중인데요."
옆자리 아저씨 : "뉴규?"
나 : "헷갈리게 해서 죄송합니다."

이처럼 우리가 막연히 전래동화로 알고 있는 '금도끼 은도끼'가 저 멀리 지구 반대편에서 유래했다는 사실이 참 놀랍지 않나요? 그 이야기를 갖고 와 손자들에게 들려준 겁나 먼 유럽 땅에서 오신 아마존 할매들에게 다시 한 번 감사 인사드립니다. 🐻

06

알라딘은 어느 나라 사람이게요?

앞서 그리스에서 출발해 동아시아까지 전파된 헤르메스 이야기를 해드렸는데요. 그와 반대로 동양에서 서쪽으로도 문화가 전파되면서 전 세계인이 사랑하는 이야기도 탄생합니다. 그 이야기는 바로 '알라딘'! 워낙 유명한 이야기인데다가 디즈니 만화영화로 더 유명해졌지요. (이 애니메이션 나온 지 벌써 25년이 흘렀다니…….)

그런데 마법의 양탄자를 타고 쟈스민 공주와 러브러브하는 이 이야기의 주인공, 알라딘은 과연 어느 나라 사람일까요?

이 친구 국적, 너무 쉽다고요? 바그다드에서 활약하니 이

(애니메이션 '알라딘'에 나오는 지니)

라크 사람 아니냐고요?

그러나…… 우리가 흔히 아는 아랍인 알라딘은 '가리지날'입니다. 오리지날은 중국인입니다. 🐨

프랑스인 앙투안 갈랑(Antoine Galland)이 처음 번역한 1703년《아라비안나이트》'알라딘과 신기한 요술 램프' 편, 첫 구절은 이렇습니다.

"오~, 인자하신 임금님, 중국의 어떤 곳에 매우 가난한 재봉사가 살고 있었습니다. 그 재봉사에게는 알라딘이라는 아이가 있었는데……."

알라딘을 자세히 읽어보면 굉장히 글로벌한 작품입니다. 알라딘은 중국 아이, 멀리서 찾아온 삼촌이라며 알라딘에게 램프를 가져오게 한 나쁜 사기꾼은 모로코인, 요술 램프를 찾으러 간 동굴은 터키에 있어요. 와우~!

즉,《아라비안나이트》는 당시 바그다드를 중심으로 한 중동 지역뿐 아니라 이슬람 문명권 사람들이 접촉할 수 있었던 아프리카, 인도, 중국 등 바닷길 실크로드를 따라 각국의 전래이야기가 한데 모여 있는 작품이랍니다. 그러다 보니 이슬람인들 시각에선 이국적인 신비로운 분위기를 묘사하려 그들이 아는 동쪽 끝 중국인 주인공에, 서쪽 끝 모로코 악당에 신비로운 동굴이 즐비한 터키 카파도키아를 주 무대로 이야기를 만들어냈나 봅니다.

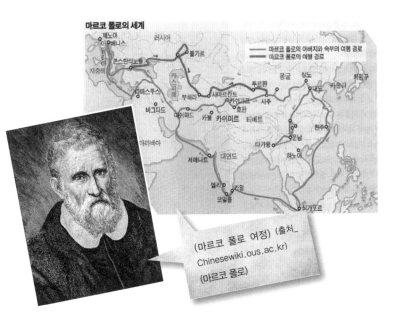

마르코 폴로의 세계

(마르코 폴로 여정) (출처_ Chinesewiki.ous.ac.kr)

(마르코 폴로)

우리는 흔히 중세시대 여행가하면 '마르코 폴로(Marco Polo, 1254~1324)'를 떠올리지만, 그는 베네치아에서 출발해 중동 지역을 거쳐 중국(당시 원) 수도인 대도(지금의 베이징)까지 다녀온 반면, 이슬람 세계의 여행가, '이븐 바투타(Ibn Battuta, 1304~1368)'는 당시 서쪽으로는 스페인에서부터 동쪽으로 중국 신장위구르 지역에 이르기까지 이슬람 문명권의 바다 실크로드를 활용해 마르코 폴로보다 3배나 더 먼 여정을 다녀왔답니다.

이 할배의 원래 이름은, 아부 압둘라 무하마드 이븐 압둘라 알라와티 알 탄지 이븐 바투타(Abu Abdullah Mohammad Ibn Abdullah Al Lawati Al Tanji Ibn Battuta). (아이쿠, 길다!)

(이븐 바투타, 《이븐 바투타 여행기》. 우리 집에 책이 있다능! 근데 무지 두껍다능!)

모로코 왕국 이슬람 율법학자 가문에서 태어나 22세 때 성지 순례 차 메카로 떠난 그는 30년간 아시아, 아프리카, 유럽 3개 대륙 10만 킬로미터를 여행하게 됩니다.

그 여행은 크게 3기로 나뉘는데,

1기 - 25년 동쪽 여행 : 모로코 - 북아프리카 - 서아시아 - 중앙아시아 - 인도 - 동남아시아 - 중국 북경

2기 - 2년 북쪽 여행 : 모로코 - 지브롤터 해협 - 스페인(그라나다) - 모로코 남부 마라케시

3기 - 3년 남쪽 여행 : 모로코 - 사하라 사막 횡단 - 아프리카 내

(이븐 바투타 여행 루트)

(현재 두바이에 이 위대한 여행가 이름을 딴 테마 쇼핑몰도 있어요. '이븐 바투타 몰'.)

룩 말리 왕국까지,
이슬람 문명권 전역을 여행해 장대한 기록을 남깁니다.

실제 당시 고려에도 이슬람 상인들이 장사할 정도로 그 시기에는 이슬람 문명권이 유럽 기독교보다 활동 범위가 넓었지요.

엇, 쓰다 보니 이야기가 옆으로 샜네요. 🐻
참고로 영국 애니메이션 '알라딘'에선 중국인처럼 그려놨어요.

그러니 중국은 괜히 역사 왜곡하는 동북공정 같은 거에 힘쓰지 말고, 너네 조상인 알라딘을 아랍인으로 널리널리 전파한 미국 디즈니나 맞짱 떠라~, 맞짱 떠라~!

07
그러면 신데렐라는 어느 나라 사람일까요?

알라딘이 중국 사람이라 놀라셨다고요? 연이어 놀랄 이야기가 있네요. 🐻

우리가 잘 아는 《신데렐라》는 프랑스 아동문학가 샤를 페로(Charles Perrault)가 1697년 발간한 동화책이 오리지날이라고 알려져 있습니다. 디즈니 애니메이션 등 우리가 아는 이야기는 바로 이 버전이지요.

독일 그림(Grimm) 형제만큼 유명하진 않지만 이 아저씨가 채록한 작품은 《잠자는 숲속의 공주》, 《빨간 두건 소녀》, 《장화 신은 고양이》, 《엄지 공

"안녕하세요? 신 씨 가문의 이쁜이, 신데렐라에욤!" 🐻

주》,《세 가지 소원》등 참 많답니다.

그런데, 우리나라 전래이야기 중 '콩쥐팥쥐' 이야기를 보면 신데렐라 이야기와 비슷하지 않던가요? 계모와 자매에게 구박을 받았지만 착한 마음씨에 감복한 하늘의 도움으로 신데렐라는 왕자 파티에서 놀다가, 콩쥐는 고을 사또 잔치에 가다가 신발을 떨어뜨려서 그 인연으로 행복하게 살았다는 스토리 전개가 스케일 차이만 있을 뿐이지 거의 똑같답니다.

그렇다고 우리나라 콩쥐팥쥐가 오리지날인 건 아니고요. 이런 가난한 아가씨의 신분 상승 성공 스토리의 오리지날은 9세기경 중국 민담집《유양잡조(酉陽雜俎)》속 '섭한(葉限)' 이야기라고 알려지고 있답니다.(또 중국인이냐!)

이 중국 소녀 이야기는 이렇습니다.

계모에게 구박받던 소녀, 섭한이 자기 집 연못 속에 말하는 큰 물고기를 몰래 키웠는데, 어느 날 계모가 알아채곤 그만 물고기를 잡아먹고 말았답니다. 밭에 일하러 갔다가 돌아온 섭한은 물고기 뼈를 부여잡고 슬피 울었는데 하늘에서 내려온 선인이 그 뼈를 소중히 갖고 있으면 복이 온다고 말합니다. 결국 나중에 이 물고기의 혼령이 도움을 줘 화사한 옷을 입고 축제에 갔다가 신발을 잃어버리게 되고 이 신발을 주은 이웃나라 왕자에게 시집갔다는 이야기에요.

예전에 그 사실을 모르고 중국 전래동화집에서 이 이야기를 읽으면서 '우리나라 콩쥐팥쥐랑 참 닮았구나!'하고 생각했는데 말이죠.(난 왜 이 이야기를 40여 년째 기억하고 있던 걸까! 🐻)

알고 보니, 이 패턴의 성공 스토리는 비단 우리나라 콩쥐팥쥐뿐 아니라, 유럽, 동남아시아, 아메리카 인디언에 이르기까지 각국의 유사 이야기가 많은데, 연구자들이 모아 보니 그 숫자가 무려 500여 종에 이른답니다. 그래서 이 현상을 가리켜 '신데렐라 사이클(Cinderella Cycle)'이라고 부르는데요.

이 같은 신데렐라 연구 열풍의 시발점은 일본 학자에 의해서였다고 합니다. 이 학자가 1911년 유럽학회에 9세기 중국 섭한 이야기가 가장 오래된 신데렐라 원형이라고 소개하자 이에 쇼크를 먹은 유럽 학자들의 연구 결과, 가장 오랜 문헌은 중국이며 이후 중세 유럽까지 전파되고, 신대륙이 발견되면서 프랑스인들에 의해 아메리카 인디언에게까지 이 스토리가 알려졌다고 파악되어 왔습니다.

그런데……, 이 아메리카 인디언판 신데렐라 이야긴 꽤 다릅니다.

- 아메리카 인디언 버전, 칠면조 소녀 이야기 -

세 자매 중 막내딸 '검댕얼굴'이 주인공이고 구박하는 언니들은 친언니들입니다.

축제에 못 가고 칠면조를 돌보는 막내를 보다 못한 칠면조들이 요술을 부려 축제에 보냈지만, 약속한 시간을 어기고 계속 놀던 검댕얼굴 소녀가 뒤늦게 돌아와 보니……, 실망한 칠면조들은 이미 집단 가출.

🐻 결국 약속을 어기고 놀던 아가씨는 폭망했다는 새드 스토리로 변절되었답니다.

　아, 너무 건전하고 교훈적이네요. 원래 칠면조 키우며 공동체 유목 생활하던 이들이라 계모와의 갈등이 이해가 안 되어서 그 부분이 빠지게 된 거라고 본다네요.

　그런데 문헌을 더 모으다 보니 기원전 그리스와 이집트 문헌에서도 유사한 사례가 나오고 심지어 인도 문헌은 더 오래되었다는 논문도 나오는 등, 오리지날이 어딘지 그 끝을 모르는 지경에 이르고 있습니다. 정말 이 이야기의 오리지날은 언제, 어디였을까요? 아직은 "며느리도 몰라~."입니다.

　아, 그런데 우리나라 '콩쥐팥쥐' 이야기가 중국보다 더 원조일 수도 있지 않냐는 생각이 드신다고요? 우리나라 '콩쥐팥쥐'가 처음 문헌으로 정리된 것은 1919년 대창서원판《콩쥐팥쥐전》이었답니다. 초창기 책자 중엔《콩조지 팥조지》로 써진 버전도 있답니다. 이 버전에선 팥조지가 착한 아가씨예요. 🐻

그런데 우리나라 콩쥐팥쥐는 뒤에 무시무시한 스토리가 더 붙어 있어요. 이 복수 스토리 내용은 동남아 각국 버전과 유사하다네요. 즉, 원형 스토리 구조 뒤에 새로운 이야기가 첨가된 것이기 때문에 오리지날이라고 보기 어려운 거죠.

콩쥐팥쥐의 뒷이야기가 궁금하시죠? 충격적이므로 노약자, 임산부는 건너뛰기 바랍니다.

- 콩쥐팥쥐 시즌2 이야기 -
사또와 콩쥐가 알콩달콩 잘 사는데, 시기한 팥쥐가 콩쥐를 유인해 연못에 빠뜨려 죽입니다. 🐻
그러고선 콩쥐로 위장해서 살게 되는데, 콩쥐가 혼령이 되어 이 사실을 알리고 분노한 사또가 팥쥐를 죽여 젓갈로 담가 장모에게 보내고 이를 모르고 맛있게 먹었던 계모는 충격으로 뒤로 자빠져 죽습니다. 🐨 (이 무슨 막장 엽기 스토리인지…….)

이처럼 인간의 마음을 사로잡는 재미난 스토리는 수천 년이란 시간과 지역을 넘어 입에서 입으로 널리 퍼져 그 생명력을 지니고 있고, 우리나라 드라마에서 주인공이 어려운 환경을 이겨내고 화려하게 성공하는 '신데렐라 스타일'인 경우가 많은 것은 다 이런 이유 때문입니다.

그런데, 이제 인터넷 세상이 되다 보니 단 하루 만에 전 세계적으로 벼락 신데렐라와 안티-신데렐라가 공유되는 시대가 되었습니다.

게다가 남성보다는 여성이 잘못을 저질렀을 때에는 'OO녀' 등 비하하는 별명이 붙어 나도 모르게 온라인상에서 신상이 털리는 불상사가 생기기도 합니다.

이 글을 쓰는 저나 읽는 독자분이나 신데렐라가 될 가능성은 그다지 크지 않은 반면, 한 주가 멀다하고 터지는 새로운 안티-신데렐라의 주인공이 될 가능성은 있으니 모두 조심해서 잘 살자고요~, 꼭이요~! 🐻

08
건강한 주생활을 위하여~!

그동안 주생활 관련해 이런저런 이야기를 했는데요.

우리에겐 또 다른 주생활이 있습니다.

바로 술입니다! 엥? 왜 술이 주생활에 들 어가냐고요? 술도 주(酒)생활이니까요.

농담이 아니고요~, 술은 그냥 기호품이 아니라 각 민족의 문화가 담겨 있고 크게는 정착민과 유목민 문명과 밀접한 관계가 있답 니다. 크게 봐서 정착민들이 개발한 술은 발 효주, 유목민이 만든 술은 증류주이거든요.

발효주란 과일이나 곡식에 효모균이 들어

"아싸, 행복한 거!"

가 발효되어 나오는 술로써 와인, 과실주, 맥주, 막걸리, 청주 등이 해당됩니다. 양조주라고도 하지요. 대부분 알코올 도수가 1~18도로 낮은 편입니다.

(대표적인 발효주인 와인과 맥주)

증류주는 1차 발효된 술을 서서히 가열해 물보다 끓는점이 낮은 알코올이 먼저 기체가 되면 이를 모아 냉각시켜 고농도의 알코올 액체를 얻는 방식으로 만드는 술이라 알코올 도수가 높은 독주가 되지요. 소주, 고량주, 브랜디, 위스키, 보드카, 럼 등이 증류주입니다.

인류가 처음 만든 술은 발효주인데요. 이건 우연히 발견되었을 겁니다.

학자들이 추측하기를, 아직 유목과 채집을 하던 오래 전 옛날, 누군가가 포도를 많이 채취해 동굴 속 오목한 바위 같은 곳에 보관해두었는데, 어떤 이유에서인지 오랫동안 잊고 있다가 뒤늦게 찾아 보니 이미 그곳에는 물컹해진 포도와 즙이 가득했겠지요.

(대표적인 증류주인 위스키와 소주)
(소주 이미지 © 박재서)

버리긴 아깝고 해서 요상한 향기를 풍기는 포도즙을 떠먹었더니 이상하게도 기분이 좋아지는 겁니다. 그래서 우연히도 포도주를 발견한 것이 술의 시초였을 거라는 거죠.

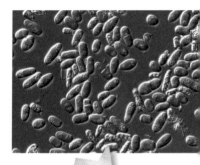

(효모균)

아마도 인류 최초의 술이었을 와인에 대해서는 워낙 전문가도 많고 역사도 길고 알아야 할 것도 많지만 이미 많이 알고들 계실 터이니 따로 설명하진 않을게요.

그런데 왜 과일을 오래 두면 술이 될까요? 이는 단세포의 미생물인 효모(이스트)의 작용 때문이지요.

과일에는 많은 당분이 들어 있는데, 공기 중에 떠돌거나 과일 표면에 붙어 있던 효모균은 이 과실즙 속 당분을 에틸알코올과 탄산가스로 분해해 그 에너지로 살아갑니다. 그런 과정이 되풀이되면서 점점 균이 불어나 과일즙을 술로 변화시키는 겁니다.

이후 포도 이외에도 다른 과일이나 꿀 등 당분이 많은 재료를 항아리 등에 채워두면, 효모에 의해 발효가 되면서 술이 만들어지는 것을 알게 되었지요.

이 같은 과일에 의한 술 제조법 발견 이후, 밀과 보리 농사를 처음 시작한 중동과 이집트 지역에서 우연히 곡식으로도 술을 만들 수 있음을 알게 됩니다.

아마도 누군가 보리를 항아리에 두었는데 보관을 잘못해 비가 들어갔었나 봅니다. 그래서 보리에 싹이 터버렸지만 버리긴 아까워서 발아한 보리를 불에 그슬려 빻아 빵을 만들었는데 당시엔 연료 절약을 위해 빵을 한꺼번에 많이 구워서 보관하고 딱딱해진 빵은 수프나 물에 불려서 먹었다고 하죠. 최근까지도 유럽 농촌에서는 이런 식으로 빵을 먹었다고 합니다.

그런데 누군가 빵을 물에 적셔 항아리에 담아 두고는 깜빡 잊었는데, 며칠 뒤 찾아 보니 빵에 포함되어 있던 엿기름이 물에 녹으면서 효모가 발효를 시작해 거품이 나는 물로 바뀌어 있었던 거지요. 인류 최초의 맥주는 이렇게 만들어졌다고 추정합니다. 즉 맥주의 원조는 중동과 이집트 지역인 거지요. 🐻

현재 맥주 제조공법에는 엿기름을 불에 데운 다음 즉각 당화가 시작되도록 하기 때문에 빵을 만드는 단계를 거치지 않지만, 예전 고대인들은 그 화학적 기전을 몰랐기에 첫 발견 당시 때처럼 일단 빵을 만든 후 맥주로 바꾸는 작업을 거쳤다고 해요.

그래서 당시 여행자들은 엿기름으로 만든 빵을 가지고 다니다가 숙소에서 따뜻한 물에 빵을 담가 놓고 잔 뒤 아침에 부글부글 발효 거품을 내는 맥주를 마셨다는 기록이 남아 있다네요. ('캬~! 역시 술은 모닝 술이 췩오~!' 👾)

인류 최초의 휴대용 맥주는 캔맥주 이전 이미 수천 년 전에 나왔던 거지요. 🐻

이처럼 초기 맥주는 발효가 시작되면 효모가 위로 떠올라 거품이 생기는 방식이어서 상면(上面) 발효, 즉 에일(Ale) 맥주만 있었습니다. 15~25도 상온에서 발효시킨 에일 맥주는 맛과 색이 진하지요.

그러다가 근대에 들어 효모를 7~15도 저온에서 발효시켜 바닥에 가라앉히는 하면(下面) 발효, 즉 라거(Lager) 맥주가 개발되어 색이 연하면서 깔끔하고 가벼운 맛이 나는 맥주가 널리 알려지게 됩니다. 이 라거 맥주의 시초가 칼스버그(Carlsberg)라고 하네요. 현재 전 세계 맥주 시장의 70퍼센트가 라거 맥주이지요.

그 외에 흑맥주는 재료인 맥주보리를 고열에 건조해 색깔이 짙어지고 알코올 도수가 높고 맛이 깊고 쓴 경우가 많아요.

그런데 이 초기 맥주 제조법에서 보듯이 원래 맥주는 따뜻한 물에 빵을 적셔 만드는 것이기 때문에 유럽에서는 맥주는 실온에서 먹어야 풍미를 살릴 수 있다고 여기고 있습니다. 맥주를 아주 차갑게 마시는 것은 냉장고를 개발해 가장 먼저 일상생활에 널리 도입한 미국에서 시작되어 이후 우리나라, 일본 등지로 전파된 것이지요.

이러한 발효주 제조법은 이후 종교와 밀접한 관계를 맺게 됩니다.

현재 여러 종교에서 술을 마시지 못하게 하는데요. 많은 신자분들이 술이 인간을 개(?!)로 만들기 때문에······, 🐻 윤리적 관점에서 술을 금지한다고 생각하시지만, 실은 예전에는 술에 포함된 알코올 성분에 대해 몰랐기에 자연의 신령한 기운이 술에 깃들어 인간의 정신을 들뜨게 함으로써 신과의 접촉을 가능하게 해주는 신령스런 음료라고 믿어 종교 의식에서만 사용할 수 있었던 겁니다.

그러니 신과 인간을 잇는 매개자인 종교인이 아닌 일반 신도가 신과의 접촉을 위한 신성한 음료를 마시지 못하게 하려고 그랬던 겁니다. 그래서 제정일치 사회인 이슬람 문명권에서는 지금까지 음주를 엄격하게 금지하다 보니 술 대신 커피나 차 문화가 발달하게 된 것이죠.

그래서 먼 옛날 우연히 와인, 맥주 등 발효주를 발견한 각 문명권에서는 신념을 갖고 재료가 되는 식물을 정성스레 재배하고, 술로 만들기 위해 오랜 기간 저장고에서 숙성을 해야 하는 번거로운 정성을 들였습니다.

심지어 일부 학자들은 이 같은 발효주의 발견이 인간을 그 땅에 정착하게 만들어 정착민으로 바꾼 근본 원인이 아니었을까 추정할 정도입니다.

앞서 중동지역에서 시작된 맥주 열풍은 그리스와 로마에도 전해지게 되는데 다만 로마인들은 맥주는 물 대신 마시는 음료였고, 손님 접대는 와인을 사용했대요. 그래서 로마제국이 확장하면서 지중해 연안에서는 와인이 활성화되었고 예수님도 열두 제자와 마지막 만찬에서 포도주를 마신 겁니다.

이후 기독교 세계에선 포도주는 신성한 의식용 음료로 정착이 되고, 이후 19세기 선교사들에 의해 동양에도 포도주가 전파됩니다. 이러한 전통이 오늘날까지 이어져 서구에선 손님 초대 정찬에서는 와인을 내는 것이 격식을 차린 대접이 되는 거랍니다.

하지만, 라인 강 너머 게르만인들이 사는 북쪽에는 포도가 자랄

만한 환경이 되지 못했습니다. 뭐
물론 라인 강 남쪽 지역도 포도
재배는 여의치 않아 독일산 와인
은 대부분 백포도주 아이스와인
이지요.

(눈 맞은 언 포도)

눈을 맞아 언 포도로 만드는
지라 얼기 전 포도의 10분
의 1 정도밖에 산출되지
않아 양이 적고 비싸지
만, 당분이 높고 향이 짙
어 아주 맛있습니다. 적포도주에 비
해 숙취도 덜하지요.

(눈 맞은 언
포도로 만든
아이스와인)

그래서 중세 시절 독일, 오스트리아
지역을 아우르는 신성로마제국 황제를 뽑기 위해 7명의 제후가 모
여 투표할 때, 고대 로마제국 영역이던 라인 강 남쪽의 세 주교(마인
츠, 트리어, 쾰른)는 와인을 홀짝이며, "우리는 로마의 후손이지만 맥
주나 마시는 너네 라인 강 북쪽 세 제후(작센, 브란덴부르크, 팔츠)는
야만족 후손 아니냐?"며 무시했다지요. 🐻

그 사이에 낀 오스트리아 합스부르크 제후 루돌프1세는 이 와인
파와 맥주파 간 라이벌 관계를 중재하면서 세 딸을 각각 세 제후에
게 시집보내는 혼인 정책을 통해 결국 1273년 신성로마제국 황제 관
을 차지하고 이후 합스부르크 가문이 1806년까지 530여 년간 쭈~

욱 승계하게 됩니다. 🐻

이처럼 와인과 맥주는 전통의 발효주 라이벌로서 역사의 흐름에
도 지대한 영향을 미쳤네요.

이야기를 동양으로 돌리면요. 동양권에서도 술은 원래 신성한 종
교적 의식용 음료이긴 마찬가지였습니다.

우리가 제사, 차례를 지낼 때 술을 바치는 것도 조상님들이 즐겨
드시던 술을 혼령이 되어서도 즐기시라는 게 아니라……, 🐻 술이
조상님 혼과 연결해주는 매개체이기 때문에 조상님 영혼이 먼저 술
을 드신 후 그 술을 후손이 나눠 마시며 복을 나누는 것이라 여겨 오
랫동안 제례용으로 집집마다 술을 담갔지요. 그래서 종갓집마다 집
안 전통의 술이 존재했습니다. 농민들은 쌀에 누룩과 물을 부어 발
효시킨 탁주 막걸리로 만족해야 했지만요. 🐻

반면 증류주는 중앙아시아 유목민이 처음 발명한 후 급속도로 퍼
져 나갔는데, 계속 유랑해야 하는 처지에서 도수가 낮은 발효주는
쉽게 상해 다시 한 번 더 끓이는 증류 과정을 거쳐 알코올 도수가 높
은 독주를 만드는 것이 이동 생활에 유리했기 때문입니다.

유럽에선 12세기 이탈리아에서 의료 목적으로 과실주를 증류해
의료용으로 쓰기 시작했고, 이후 네덜란드 약제사들이 이 증류 기법
을 완성합니다. 그래서 네덜란드어 브란데빈(Brandewiyn)에서 '브랜
디(Brandy)'라는 단어가 탄생하게 되는데, 브랜디는 각종 과실주를
증류한 술을 의미합니다.

왜 과실주를 증류하느냐면 포도주를 제외한 사과, 배, 버찌 등 과실주는 알코올 농도가 낮아 쉽게 변질되므로 증류를 통해 알코올 도수를 높여 보존기간을 길게 해야 하기 때문입니다.

다만 브랜디의 한 종류인 코냑(Cognac)은 포도주로 만드는데, 이 코냑이 탄생한 배경이 재밌어요.

코냑이란 상표는 프랑스 중부 코냑 시 인근 지방에서 만든 것만 오리지날이랍니다. 왜 굳이 포도주를 증류해서 코냑을 만드느냐면 워낙 이 지역의 포도주가 맛이 없어서 그랬다네요. 🐻

당시 코냑 지방 포도주는 보르도 등 주변 맛있는 포도주에 밀려 재고가 잔뜩 쌓여 양조장 주인들이 고민하고 있었는데 증류주의 달인, 네덜란드인이 찾아와 자기네가 개발한 증류 기법으로 이 포도주를 증류해보면 어떠냐고 제안했답니다. 그래서 증류를 통해 알코올 도수를 높인 후 떡갈나무 통에 담아 숙성했더니 맛도 향기도 뛰어난 술로 변신했다고 하네요. (울랄라~! 🐻)

때마침 16세기 대항해시대가 시작되면서 원양 범선의 필수 음료로 각광받게 되어 특히 영국으로 많이 수출했고, 지금도 와인처럼 여러 등급 표시를 한 제품들이 절찬리에 판매되고 있지요.

이처럼 과실주를 증류해서 만드는 것이 브랜디라면, 맥주의 원료이기도 한 맥아를 증류해 만드는 것이 위스키입니다.

보리로 위스키를 처음 만든 곳이 어딘가를 두고 영국 스코틀랜드와 아일랜드가 자존심 싸움을 벌이고 있다는데요. 중세 시절 스코틀랜드인들은 초기 맥주 제조법처럼 보리를 싹이 트게 한 뒤, 10여 일

뒤 낙엽과 나무가 누적되어 생긴 일종의 석탄인 갈탄 불로 태운 후 발효한 원액을 증류해 독특한 연기 향내가 나는 스카치위스키를 만들어낸 반면, 아일랜드는 엿기름을 건조해 만들어 아이리시위스키에는 연기향이 없다고 하네요.

하지만 유럽에서도 술 제조 시 세금을 왕창 물렸기 때문에 암암리에 밀주도 많이 만들었답니다. 그래서 이런저런 술을 섞어 팔면서 위스키 품질에 대한 논란이 많았는데, 1820년 스코틀랜드에서 위스키 판매점을 연 한 젊은 사장이 직접 본인이 책임을 지고 원액을 혼합해 일정한 품질의 위스키를 유통시키면서 큰 성공을 거두게 되니……, 그의 이름이 바로 '조니 워커(Johnnie walker)'입니다. 익숙하시죠? 🐻

반면 동양권에서 만들어진 대표적인 증류주는 바로 세계 판매 1위를 자랑하는 소주입니다. 소주(燒酒), 즉 '불에 태운 술'이란 단어는 증류주를 만드는 방식 자체를 의미하는 겁니다. 하지만 우리가 현재 가장 즐겨 마시는 희석식 소주는 곡류로 만든 알코올에 물과 감미료를 섞은 '가리지날'이고요. 🐻 안동소주 등 40~70도를 넘나드는 독주야말로 오리지날 소주입니다.

당초 소주란 단어는 중국 당나라 백낙천의 시에서 유래했다고 하지요. 지금은 중국술을 주로 '배갈(白乾)' 또는 '고량주'라 부르지만 이 단어 역시 '가리지날'. 중국에서도 원래는 증류주를 다 소주라고 불렀다고 해요.

우리나라에 소주가 들어온 것은 고려시대인데, 고려를 침공한 원나라 군대가 주둔 기지를 만들면서 군대 보급용 음료수로 소주를 만들기 시작했다고 합니다. 그래서 일본을 공격하기 위한 전초기지가 있던 안동에는 안동소주, 말을 키우고 훈련시키던 직할지 제주도에는 오메기술, 후방 병참기지로 활용한 평양에선 관서감홍로, 그리고 고려의 수도인 개성 주둔군이 만든 개성소주 등으로 발달하게 된 거라고 하네요. 🐻

당시 몽골어로는 이 증류주를 '아라키'라고 불렀다고 하는데, 이 단어가 이슬람을 거쳐 유럽에 전파되면서 '알코올'로 변했다고도 합니다. 오호~!

조선시대 초기만 해도 소주는 약으로만 사용했다는데, 워낙 독한 술이고 늘 식량이 부족한 나라에서 먹기도 모자란 곡식으로 술을 빚어야 하니 사치스럽다고 여겼을 겁니다. 그래서 문종이 승하한 후 빈소를 지키던 어린 단종이 기력이 허약해지자 소주를 마시게 해 기력을 되찾게 했다는 기록이 남아 있다고 합니다. '이거 지금 기준으로 보면 완전 청소년보호법 위반인데⋯⋯.' 🐻

그러던 것이 이후 널리 퍼져 잔치마다 소주가 나오자 선조가 금주령을 내리기도 했다지요. 이후 조선 후기까지 여러 차례 흉년이 들 때마다 금주령을 내렸지만 제대로 성공한 적이 별로 없었으니 술과 인간과의 질긴 인연은 여전히 진행형입니다. 🐻

증류주인 소주가 도입되기 전에는 그럼 우리 조상들은 무슨 술을 마셨느냐고요?

쌀이 주식이다 보니 주원료로 쌀을 쓰되 발효제인 누룩을 밀, 보리, 쌀, 녹두 등 재료에 따라 섞어 다양한 발효주를 만들어 마셨지요. 게다가 각 지역별 특산물, 과일, 작물, 약초 등이 술과 결합해 다양한 술을 각 지역마다 집집마다 담가 먹었다네요.

하지만 구한말, 근대 징수제도가 확립되면서 1907년 주세령이 정해져 술을 만들려면 관청에 사전 신고를 하게 하고, 술에 비싼 세금을 매기면서, 이를 어기면 처벌하게 됩니다.

이후 일제시대인 1916년, 술 종류를 약주, 탁주, 소주, 일본청주로 단순화하고 1917년에는 집에서 술을 만드는 것을 전면 금지시키고 허가받은 양조장에서만 제조하게 해 세금 징수를 원활하게 하면서 전통주의 명맥이 끊어졌습니다.

이 같은 상황은 해방 후로도 지속되어 쌀을 누룩으로 발효시켜야하는 막걸리조차 쌀이 부족하다는 이유로 1990년까지는 밀가루로 막걸리를 만들게 되지요. 그러다 보니 이제는 규제가 완화되었다고는 해도 여전히 전통주나 소규모 제조사는 제조와 판매에 애로를 겪고 있는 상황이긴 합니다. 🐻

엇! 술 얘기가 어째 심각해졌습니다.

그러고 보니, 폭탄주는 술의 양대 산맥인 발효주(맥주)와 증류주(양주 또는 소주)가 화합하는 술이긴 하네요. 그러면 각종 과일소주는 발효주 재료와 증류주의 만남인가?

앞으로는 외국에서 손님이 오실 때 소폭을 말면서 "서양의 발효주와 동양의 증류주가 한데 엉켜 만들어내는 인류 문명 융합의 하모니"라고 설명해보는 건 어떨까요?

하지만, 고대인들이 신과의 매개체라 신성시하던 술은 이제 여러 사건 사고를 일으키는 사회 악이 되고 있습니다.

한두 잔의 술은 혈액순환을 도와 오히려 건강에 좋다는 뉴스도 나오지만 문제는 술자리에서 한두 잔만 먹는 경우는 거의 없다는 거죠. 🐻 먹었다 하면 '원샷'을 날려야 하고, 누군가 쓰러질 때까지 먹어야 제대로 대접했다고 여기는 공격적인 음주문화가 각종 사건 사고, 건강상 문제를 일으키고 있습니다.

이제는 건강한 음주 문화로 바꾸어 대화를 위한 수단으로써 한 가지 술로, 1차만 가볍게 마시는 문화로 바꾸어나가는 것이 개인의 건강, 사회의 건강을 위해 필요하다고 강력히 얘기하고 싶습니다.

이로써 훈훈하게 주생활 이야기를 마치게 되네요. 🐻

일상생활 속 가리지날 네 번째 주제는 '스포츠'입니다.

앞서 사람이 살아가는 데 반드시 필요한 의식주를 주제로 이야기를 했는데요. 사람이 옷 입고, 밥 먹고, 잠만 자지는 않지 않습니까? 심심할 땐 뭔가 놀거리가 필요하지요. 🐻 😊

오랜 기간 원시인들은 생존을 위해 하루 24시간, 단 한 순간도 경계를 늦추지 않았지만 농업혁명 이후 집단 주거와 안정적 사회 체계가 이루어지면서 잉여 곡식과 더불어 시간적 여유가 생기죠. 그러면서 자연스럽게 몸을 움직여 할 수 있는 다양한 오락 활동을 전개하게 됩니다.

우리는 현재 그것을 '스포츠(sports)'라 부르지요.

스포츠는 '물건을 옮기다, 떠나보내다'라는 의미를 가진 라틴어 '데포르토 (deporto)'라는 단어에서 유래했는데, 중세시대엔 '즐기다'는 의미를 가진 '디스포르트(disport)'로 변형이 되고, 이후 '디(di-)'가 떨어져 나가 '스포르트 (sport)'가 되었다고 합니다. 즉, 공식적인 의미는 '경쟁과 유희성을 가진 신체운동 경기의 총칭'이지만, 어원을 보면 '지루한 일상을 떠나보내고 신나게 노는 모든 것'을 의미하는 것이죠.

그래서 요즈음에는 바둑, 장기, 체스 같은 보드게임이나 온라인 게임 시합도 e-스포츠로서 스포츠의 영역으로 여겨지고 있습니다.

그러면 지금부터 우리가 미처 몰랐던 스포츠에 대한 가리지날 이야기를 해보겠습니다.

4부
스포츠

01
근대 올림픽 창시자는 누구일까요?

스포츠에 대한 첫 번째 가리지날 이야기는 전 세계인의 축제인 올림픽 이야기로 시작할까 합니다.

전 세계 어디나 각 민족마다 나름의 유희놀이는 존재했지만 역사적으로 이를 규범화하고 지속적으로 시행한 곳은 고대 그리스가 시초라 여겨집니다.

고대 올림픽의 역사를 잠시 살펴보면요~, 오리지날 그리스 올림픽은 고대 그리스 시대에 각 도시국가의 단결을 위해 4년마다 한 번씩 '올림피아'에 모여 5일간 열었던 운동경기이자 평화의 축제였습니다.

하필 많은 도시국가 중에서 왜 올림피아에서 매번 경기를 하게 됐냐면 올림피아에 그리스의 주신 제우스 신전이 있었기 때문이었

다네요. 전쟁을 하다가도 올림피
아 제전 3개월 전부터는 여행객과
주민의 보호를 위해 그리스 전역
에 휴전령을 선포했다고 하죠.

이 고대 올림픽이 어떻게 시작
되었는지는 아직 밝혀지지 않았
어요. 여러 가설 중 유명한 전설
은, 헤라클레스가 12가지 미션을 달성한 후 제우
스를 기리고자 올림픽 경기장을 짓고 첫 대회를
열었다는 거라네요. 당시 헤라클레스가 일직선

(고대 그리스 도자기 속 달리기 경주)

으로 200걸음을 걷고 이 길이를 '1스타디온'이라 정했는데 이 단어
가 현재 경기장을 의미하는 라틴어 '스타디움(stadium)'이 되었다가
지금껏 영어로도 이어지고 있는 거예요.

고대 그리스 올림픽은 BC776~AD393년까지 무려 1170여 년, 293
회나 진행되었습니다. 종목으로는 육상, 격투기, 전차 경주, 5종 경
기(원반던지기, 창던지기, 달리, 레슬링, 멀리뛰기), 복싱, 레슬링 등이
있었다고 하는데 가장 인기 종목은 스타디온 달리기였다고 하네요.

대단한 것은 올림피아에서 발굴된 비석을 통해 제1회 대회의 달
리기 우승자는 폴리스 '에리스'에서 온 '크로에포스'라는 기록까지
전해지고 있다는 거지요.

당시 우승자는 올리브 잎으로 만든 월계관을 받았고 상금과 함께
평생 연금도 받았다고 합니다. 심지어 당시 우승자가 아테네 등 부

유한 폴리스로 스카우트되어 다음 번 경기엔 국적을 바꿔 나오는 경우도 있었다네요. 🐻

하지만 이 유구한 전통을 지닌 그리스인들의 축제는 로마제국의 지배하에 들어가면서 오락적 성격이 강해지고 각종 편법과 경기 조작이 증가하기 시작해요. 심지어 그리스 여행을 갔던 네로 황제가 뜬금없이 참가해 금메달을 싹쓸이하는 지경에 이릅니다. 감히 누가 황제에게 이기려 들겠습니까! 🐻

이후 테오도시우스 황제가 395년 기독교를 제국의 유일한 종교로 확정하면서, 이교도들의 축제라며 금지 명령을 내림으로써 고대 올림픽은 종말을 맞습니다. 🐻 게다가 426년에는 테오도시우스2세 황제가 아예 제우스 신전도 파괴해버렸지요.

그 뒤로 1500여 년간 잊혀진 올림픽 경기는 19세기 말 프랑스의 정치가이자 교육자인 쿠베르탱(Pierre de Coubertin) 남작에 의해 1896년 근대 올림픽으로 부활했다고 다들 배우셨을 텐데요. 사실 이건 '가리지날'입니다. 🦉 근대 올림픽을 부활시킨 원조는 따로 있다고 합니다.

그 분은 바로, 영국의 식물학자이자 고대 그리스 덕후이던 윌리엄 P. 브룩스 박사(Dr. William P. Brookes)입니다.

그는 고대 그리스 올림픽에 감명을 받아 엄격한 신체 단련이 건전한 기독교인을 만들 것이라 믿고, 영국 잉글랜드 서쪽 슈롭셔 주 머치 웬록

(피에르 드 쿠베르탱 남작)

(Much Wenlock)이란 동네에서 주변 마을 사람들을 불러 모아 1850년에 동네 대항 경기 형태로 올림픽을 부활시킵니다.

이후 매년 열린 이 대회는 처음엔 멀리뛰기, 달리기, 공던지기 정도였지만, 이후 외바퀴 손수레 경주, 통나무 멀리 던지기 등 다른 경기를 추가했고 고대 그리스처럼 우승자에겐 월계관을 수여했다고 하네요.

그는 그때까지 만연했던 각 계층간 갈등을 해소하고자 모든 계층이 다 참여하도록 운영했고, 지역마다 돌아가며 개최하는 방식으로 진행해 더 크게 확대되기를 기대했다고 합니다. 이 동네 올림픽 대회는 오랫동안 그저 재미난 지역행사 정도로 여겨졌지만 브룩스 박사는 그리스인들만의 축제였던 고대 올림픽 경기와 달리 전 세계적 규모로 확대하길 희망했다네요. 그래서 그는 1865년 영국올림픽협회를 설립하고 야심차게 영국의 수도, 런던의 수정궁에서 대회를 열었지만 당시 최고의 운동선수들에게 외면을 받아 여전히 영국 스포츠 동호인들간의 잔치에 머물고 있었지요.

이후 소문을 들은 쿠베르탱이 1888년 브룩스 박사와 서로 편지를 주고받게 되고, 2년 뒤엔 직접 웬록 올림픽을 참관하고는 감동을 먹습니다.

쿠베르탱 : "이거다랑스. 나의 명성을 높일 찬스다프랑스~!"

이때 이 귀한 외국 손님의 방문을 기념해 심은 기념식수는 지금도 그 동네에서 잘 크고 있다고 합니다.

이 경기를 관람하고 아이디어를 얻은 쿠베르탱은 프랑스로 돌아와 본인 가문의 재력과 여러 스포츠단체 후원자들, 정치인 인맥을 동원해 1894년 국제올림픽위원회(IOC)를 설립하고, 2년 뒤인 1896년 아테네에서 제1회 근대올림픽 경기를 개최함으로써 브룩스 박사가 꿈꾸던 세계 대회를 드디어 성사시킵니다. (그때 그의 나이, 불과 34살. 흐드드)

그래서 프랑스가 주축이 되었기에 IOC의 공식 언어는 프랑스어이고, 개회식 등에서도 프랑스어, 영어, 개최국 언어 순으로 소개되고 있는 겁니다.

또한 쿠베르탱은 고대 올림픽 5종 경기에서 힌트를 얻어 당시 유럽의 부유층이 즐기던 스포츠를 한데 묶은 근대5종 경기, 즉, 펜싱(에페), 수영(자유형), 승마, 크로스컨트리(3.2킬로미터), 사격(10미터 공기권총)도 1912년 스웨덴 스톡홀름 올림픽부터 정식 종목으로 집어넣었는데, 수많은 경기가 새로 들어왔다가 탈락하는 와중에도 그의 공로를 기려 여전히 근대5종 경기는 정식종목으로 굳건히 유지되고 있지요.

첫 근대 올림픽인 1896년 아테네 올림픽은 9개 종목에 14개국, 선수 241명에 불과했지만 당시 그리스인들은 1500여 년 만에 부활한 올림픽에 열광하며 고대 올림픽처럼 매번 그리스에서 열어야 한다고까지 주장했어요. 하지만 IOC는 세계적 행사가 되기 위해서는 전세계 여러 도시가 순환 개최하는 것이 맞다고 생각해 이 주장을 받아들이지 않습니다.

그런데……, 아이디어 창시자인 브룩스 박사는 어찌 됐냐고요? 그분은 제1회 대회가 열리기 몇 개월 전에 86세를 일기로 저세상 분이 되셔서 모든 영예가 구베르탱에게 돌아간 겁니다. 🐻

하지만 '웬록 올림픽' 경기는

(1896년 제1회 근대올림픽, 그리스 아테네)

지금도 계속되고 있고, 뒤늦게 영국에서 '근대 올림픽의 아버지'에 대해 재조명하면서 1984년 사마란치 IOC 위원장이 브룩스 박사의 묘지를 찾아와 화환을 놓고 그의 공로를 기렸다고 합니다.

이에 영국에서는 아예 쐐기를 박고자 2012년 런던 올림픽 마스코트 이름 자체를 '웬록(Wenlock)'이라 지었습니다.

다만, 취지는 좋았으나 워낙 생긴 게 괴랄해서 아무도 기억해주지 않는다는 거지요. 어째 웬록 올림픽과 같은 운명이랄까? 🐻

이처럼 영국이 오리지날 원조를 주장하고 나서자 프랑스도 가만있지 않았지요.

프랑스혁명 당시 1796년부터 3년간 프랑스에서 먼저 올림픽을 했다는 겁니다. 즉, 당시 '공화국 올림픽(L'Olympiade de la République)'이란 이름으로 고대 그리스 올림픽 경기를 부활했으며 1798년 마지막 대회 때 최초로 미터법을 스포츠에 도입했다고 알리고 있습니다. (이웃나라끼리 친하게 지내는 경우는 정녕 없는 걸까요? 🐻)

이처럼 여러 원조 주장에도 불구하고 전 세계 국가가 참여하는 근대 올림픽의 최종 부활자가 된 쿠베르탱 남작은 역사에 이름을 남겼지만 백인 남성 우월주의에 빠져 유색인종 및 여성의 경기 참가 금지를 주장하는 등 막말을 일삼아 썩 아름다운 모습을 남기지는 못했습니다.

또한 1900년 제2회 프랑스 파리 대회와 1904년 제3회 미국 세인트루이스 대회는 엑스포 들러리 행사로 전락해버리고 맙니다. 🐻

파리 올림픽 때에는 연 날리기, 줄다리기, 비둘기 사격, 소방수 불끄기 등 눈요기 경기까지 시행되었다지요. 제3회 미국 세인트루이스 대회 때에는 참가선수 650여 명 중 523명이 미국 선수였다고 합니다. 성적 역시 1위인 미국이 금메달 78개인 반면, 2위인 독일이 금메달 4개였으니 완전히 미국 동네잔치로 전락해버렸죠.

이후 지리멸렬할 것 같던 올림픽은 다행히도 1906년, 부활 10주년을 기념해 비공식적으로 개최된 '아테네 중간 올림픽'이 다시금 인기를 끌면서 이후 성공 가도를 달리기 시작합니다.

이처럼 초기에는 도시별 순환 개최를 통해 스포츠인들의 우애를 다지던 소박한(?) 올림픽은 당시만 해도 국가대표란 개념이 없이 개인 자격으로 출전했기에 여러 국가 선수들이 단체로 줄다리기 경기에 참여하기도 했다네요.

하지만 워낙 2, 3회 대회가 개판으로 진행되어 존속 자체가 불투명해지자 1908년 제4회 런던 올림픽 때부터 각국 올림픽위원회가 발 벗고 나서서 관리하면서 유니폼을 맞추고 국기를 들고 입장하는 등 국가 차원의 대항전이 되었고, 마라톤 구간이 42.195킬로미터로 확정되는 등 국제 스포츠대회로서의 틀이 갖춰지게 됩니다.

당시 《셜록 홈스》 작가로 유명한 아서 코난 도일 경(Sir Arthur Conan Doyle)이 마라톤 심판관으로 참여하기도 했답니다. 이후 흥행 가도를 달리던 올림픽 경기는 1936년에 열린 11회 독일 베를린 올림픽에서 또 한 번 새로운 변화를 맞게 됩니다.

우리에겐 고(故)손기정 님이 마라톤 금메달을 목에 건 올림픽으로 기억되는 베를린 올림픽은, 당시 정권을 잡은 히틀러에게는 제1차 세계대전에서 패배했던 독일이 얼마나 멋지게 부활했는지 전 세계에 보여줄 수 있는 최고의 기회였습니다.

이에 고대 로마제국 개선식을 연상케 하는 성대한 개막식을 열면서 최초로 성화 봉송을 하는 등 국가 차원의 대규모 프로파간다 행사로 활용하게 됩니다. 첫 성화 점화는 1928년 암스테르담 대회 때 있었다고 하나 아무도 기억하지 않지요.

비록 그 의도는 사악했으나, 당시 개막식 장면이 촬영되어 독일 내 TV로 첫 방송되고, 이후 이 영상이 전 세계에 널리 소개되면서 워낙 인상이 깊었기에 이후 올림픽 경기 개막식의 하이라이트는 성화 봉송과 점화라는 새 전

(1936년 베를린 올림픽 포스터)

통을 만들어냈습니다.

이처럼 공을 들이면서 히틀러는 자랑스럽게 독일 민족의 우수성을 널리 알리려 했지만 막상 경기가 열리자 미국 흑인선수 제시 오언스(Jesse Owens)가 금메달 4관왕이 되더니, 손기정 선수께서 백인들을 물리치고 마라톤 금메달을 획득해 히틀러가 바라던 '위대한 혈통, 아리아인 승리의 축제'에 마구마구 재를 뿌리면서 막을 내리게 됩니다. 🐻

손기정 선수 이야기는 다들 잘 아시겠지만, 아래 멀리뛰기 시상식 사진에도 엄청난 이야기가 숨어 있습니다.

(멀리뛰기 시상식, 거수경례하는 미국 오언스 선수, 나치 경례하는 독일 루츠 롱, 생 까는 동메달 일본 선수)

(아아~. 눈물 없이 볼 수 없는 손기정, 남승룡 선수 시상식)

당시 히틀러에겐 재앙과도 같던 미국의 흑인 4관왕, 제시 오언스는 100미터, 200미터, 400미터 계주에서 금메달을 딴 후 마지막 멀리뛰기에서도 메달에 도전했는데, 1차 시도에서 반칙 판정을 받고 맙니다.

심판에게 이유를 물었으나 묵묵부답. 2차 도전에서 실격 시 탈락하는 상황. 고개를 갸웃거리는 그에게, 나중에 첫 번째 쿠베르탱 메달 수상자로 역사에 길이 남게 될 독일 멀리뛰기 대표 루츠 롱(Luz Long)이 다가갑니다. 원래 정식 이름은 '카를 루트비히 롱(Carl Ludwig Long)'이었지만 멀리뛰기 유럽 챔피언이 되면서 애칭 루츠(Luz)로 널리 알려져 있었다지요.

유럽 챔피언이자 방금 1차 시기에서 세계기록을 경신해 스타디움을 뒤흔든 롱 선수가 불쑥 어설프게 영어로 말을 건네자 처음엔 오언스가 좀 쫄았다고 합니다.

루츠 롱 : "뭐가 문제냐치?"

오언스 : "왜 내가 실격인지 모르겠다리카!"

루츠 롱 : "아하~, 니가 아까 굴림판을 살짝 넘어 뛰어서 반칙 선언된 거이치. 이번에 규정 바뀐 거 몰랐나치?"

오언스 : "리얼리? 우리 협회선 암말도 안해줬다리카! 귀국하면 눈물의 기자회견 할테다유에스!"

루츠 롱 : "워워~ 릴렉스! 굴림판과 간격을 넉넉히 두고 부담 없이 뛰어라도이치~. 자신감을 가져라이칠란트~!"

축하해!

덕분에 고마워!

루츠 롱

오언스

2

1

그렇게 조언해줬는데……. 어랏? 실격을 우려한 오언스가 구름판에서 10센티미터나 뒤에서 뛰었음에도 조금 전 루츠 롱 선수의 세계신기록을 단숨에 갈아치우고 1등을 하고 맙니다. 🐻

이후 오언스가 이때 세운 세계신기록은 24년이나 깨지지 않았다나요. 하지만 루츠 롱은 억울해하지 않고 쿨~하게 은메달을 받았다지요. 히틀러만 기분 나빠한 건 덤! 🐻

(둘의 대화를 재연하고 있는 루츠 롱과 오언스)

이 에피소드를 듣고 기자들이 재연 포즈 사진을 연출해 남깁니다.

쿨한 남자인 루츠 롱은 운동만 잘한 게 아니라 라이프치히

법학대학원을 졸업한 수재였지만, 올림픽 당시 오언스를 도와준 바람에 히틀러의 눈 밖에 나 불과 7년 뒤인 1943년 제2차 세계대전 당시 독일군 일반 전투병으로 징집되어 이탈리아 시칠리아에서 영미 연합군과 전투 중 전사하고 맙니다. 당시 나이 29세…… 🐻

올림픽 후 계속 편지를 보내며 우정을 쌓던 오언스는 전쟁이 끝난 후 롱의 유족을 만나 위로했고, 이들의 후손은 지금까지도 아름다운 우정을 이어가고 있다고 합니다.

1964년 IOC는 아름다운 스포츠맨 정신을 살린 선수들을 기념해 '쿠베르탱 메달'이라는 명예 메달을 수여하고 있는데, 방금 소개한 이 위대한 스포츠인, 루츠 롱을 첫 번째 쿠베르탱 메달 수상자로 선정합니다.

이 베를린 올림픽 이후, 제2차 세계대전이 터지며 두 차례 중단되었던 올림픽은 1950년대 냉전시대를 거치며 국가간에 자국의 우수성을 전파하는 장으로 변질되었고 이제는 지나친 상업주의와 주요 스폰서 국가의 시간대에 맞춰 경기 시각을 변경하는 등 잡음이 계속 나오고 있지만, 다양한 선구자들의 노력에 힘입어 1924년 동계올림픽, 1960년 패럴림픽 신설 등 범위를 확장해오고 있습니다. 또 참가국 숫자도 유엔(UN) 가입국보다 더 많을 정도로 세계적 축제이자 평화의 장으로 잘 이어져 오고 있습니다.

그러다 보니 전에는 아무도 관심 갖지 않던 근대 올림픽 원조 논쟁도 불붙는 것이겠지요? 🐻

02

대한민국의 올림픽 도전기

앞서 올림픽의 역사를 간단히 살펴봤는데요. 우리나라의 올림픽 도전기도 참 사연이 많습니다.

일제시대 손기정, 남승룡 선수는 나라 없는 설움 속에 일장기를 달고 올림픽에 출전했지만 1936년 베를린 올림픽 후 제2차 세계대전이 발발하면서 올림픽 대회가 두 번 무산되었고, 전쟁이 끝난 후 12년 만에 열린 런던 올림픽에 신생 독립국가 대한민국이 처음으로 출전하게 됩니다.

해방된 우리나라가 올림픽에 나가는 건 당연한 것처럼 보이지만, 당시 런던 올림픽 기간이 언제였는지 아십니까? 1948년 7월 29일부터 8월 14일까지였습니다.

그 말인 즉, 우리나라 정부 출범은 1948년 8월 15일이었기에 1948

년 런던 올림픽은 대한민국 정부 수립 전인 미군 신탁통치 시기로 원래는 출전할 수 없는 상황에서 이루어낸 쾌거입니다. 🐻

여기에는 70여 년 전 우리 체육인들의 눈물어린 '올림픽 참가 미션 임파서블 작전'이 있었습니다. (빰빰 빠바, 빰빰 빠바, 빰빰 빠바, 빰빰 빠바, 띠리리~ 띠리리~)

원칙대로라면 절대 불가능한 미션이지만, 신생 대한민국을 널리 알리기 위해서는 올림픽 무대만한 이벤트는 없다고 여긴 체육계 인사들이, 1945년 조선체육회를 만들고 1946년에는 올림픽대책위원회까지 구성합니다.

런던 올림픽 참가를 성사시키기 위해서는 세계 최강국이자 당시 우리나라를 위임통치 중인 미국의 도움이 절실하다고 여기고, 미국 올림픽위원장이자 당시 IOC 부위원장인 '에이버리 브런디지(Avery Brundage)'를 만나러 갑니다.(이 분은 나중에 IOC 5대 위원장이 되지요.)

당시 이 미션을 맡은 이는 이상백 부회장과 전경무 부회장.

전경무 부회장은 어린 나이에 부모님 따라 하와이로 이민 간 재미교포로서 영어에 능통했고, 사업가로 성장해 재미한족연합위원회를 통해 임시 정부를 지원했으며, 브런디지 IOC 부위원장과는 미시건대 동창 관계, 딱 적임자였던 겁니다.

게다가 공동 부회장이자 이후 우리나라 최초의 IOC 위원이 되는 이상백 씨 역시 브런디지와는 1936년 베를린 대회 때 만나 이후 편지를 주고받던 사이라, 좋은 결과가 있으리라 기대를 하지요.

하지만 어렵게 만난 브런디지 IOC 부위원장은, "원칙상 독립국가가 아니니 현실적으로 어렵다."고 난색을 표하면서도 전경무 부회장의 간곡한 요청을 뿌리칠 수 없어 맥아더(Douglas MacArther) 태평양지구 연합사령관에게 대한민국의 출전이 가능토록 부탁을 합니다.

이에 맥아더 장군이 미군정 총괄, 하지(John Reed Hodge) 중장에게 한국의 IOC 가입을 적극 협조하라고 지시를 내렸고 1947년 3월 IOC에서 '출전희망 종목에 해당하는 국제경기연맹에 가입하고 6월 IOC 총회에 참여해 참가 의사를 밝히면 가능하다.'는 답신을 받게 됩니다. 🐻

그리하여 1947년 5월 16일 '조선올림픽위원회(KOC)'가 결성되고, 6월 스톡홀름 IOC 총회에 전경무 부회장을 파견키로 결정합니다. 이에 전경무 부회장은 기쁜 마음으로 1947년 5월 29일 미군 비행기를 타고 가다가 그만……, 일본 후지산 근처에서 비행기가 추락해 사망합니다. (잠시 묵념. 🐻) 이에 올림픽후원회는 고인을 추모하고자 올림픽 경비 마련을 위해 만든 올림픽 복권에 그 분의 사진을 넣어 발매합니다.

(전경무 부회장 사진을 넣은 당시 올림픽 복권) (출처_문화재청)

당시 후원금 판매 홍보를 위해 하지 사령관도 구매했고, 1등 상금 수상자 중에는 서울 중식당 태화관에서 일하던 중국 화교도 있었다 네요. 또한 당시 국도극장에선 올림픽 후원 '춘향전' 공연도 열려 모든 수익금을 올림픽후원회에 기증할 정도로 열기가 뜨거웠다고 합니다.

이에 결국 다른 미국 교포 이원순 씨가 스톡홀름 IOC 총회에 참석해 마침내 IOC 가입 승인을 받아냅니다. 당시는 아직 나라 이름이 확정되지 않아 국가명은 '조선', 영문명은 'KOREA'로 등록했다고 합니다.

그리고 이 극적인 올림픽 참가는 또 하나의 역사를 만들게 되는데, 당시 남한이 올림픽에 나간다는 소식을 들은 북한 체육인들이 올림픽에 참가하고자 목숨을 걸고 38선을 넘어 오게 됩니다! 그 중 황산웅 선수는 1948년 사이클을 둘러메고 내려오다가 38선에서 북한 군에게 잡혔다고 하네요.

북한 군인 : "어이 거기 누구네? 손 들어부칸! 어디 38선 넘어 갈라고 하네? 죽고 싶간?"

황산웅 : "동무, 저 좀 보내주시라요. 내래 사이클 대표선수야요. 올림픽 나가게 도와주시오."

북한 군인 : "뭔 소립메?"

황산웅 : "어깨에 맨 이 사이클 보시라요. 남측에서 이번에 런던 올림픽 나간답네다. 내래 이 사이클로 꼭 올림픽 나가서 조선 민족의 기상

을 세계에 드높이갔습네다."

북한군인 : "동무, 딴 군인 보기 전에 어여 가기요. 꼭 금메달 따서 우리 민족 기상을 드높이기요."

아아~! 정말 거짓말 같은 실화입니다.

이미 선수단을 63명으로 확정지었던 선수단은 이처럼 극적으로 내려온 황산웅 선수 등 북한 체육인을 추가로 포함시켜 선수와 임원 69명을 파견합니다. 이런 우여곡절 끝에 국가대표 선수단이 출발한 1948년 6월 22일은 아직 나라 이름이 국회에서 결정되기 하루 전이었기에 당초 IOC에 등록한대로 '조선 국가대표 선수단'이란 이름을 유니폼에 달고 출정했고, 런던에 도착해서야 나라 이름이 대한민국으로 바뀐 것을 알게 됩니다.

지금이야 서울에서 런던까지 비행기 타고 한 번에 갈 수 있지만, 당시엔 런던을 다녀올 여비 마련도 여의치 않아 험난한 고행길 그

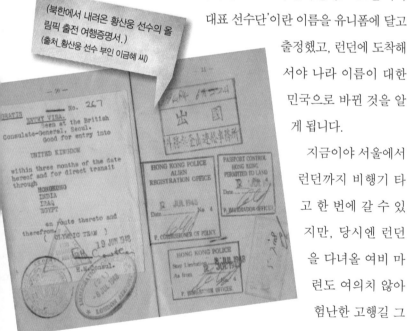

(북한에서 내려온 황산웅 선수의 올림픽 출전 여행증명서.)
(출처_황산웅 선수 부인 이금혜 씨)

자체였다고 해요. 실제 여정을 봅시다.

서울역에서 출발해 부산까지 기차를 타고 간 선수들은 부산항에서 배를 타고 일본 후쿠오카에 도착, 다시 배를 타고 일본 요코하마로 가고, 다시 중국 상해를 거쳐 홍콩까지 배를 타고 갑니다.

이후 홍콩에서 드디어 처음으로 비행기를 타고 5일간 태국 방콕, 인도 캘커타, 봄베이(뭄바이), 이집트 카이로, 이탈리아 로마, 네덜란드 암스테르담까지 비행기를 갈아타고서야 겨우 런던에 도착합니다. 아아!!! 20일이나 걸려 대회에 출전할 수 있었으니 선수들이 어디 제 컨디션이었겠습니까? 🐱

그럼에도 역도에서 김성집 선수가 인상 122.5킬로그램을 들어 올려 동메달을 따서 대한민국 1호 올림픽 메달의 주인공이 됩니다. 그리고 복싱 플라이급에서 한수안 선수가 동메달을 추가해 2호 메달 수상자가 됩니다.

게다가 영국의 한 맥주집에선 우리나라 레슬링, 복싱 선수들이 영국인들과 집단 패싸움을 하기도 했습니다. 당시 패전국인 일본은 참여를 금지당했는데 술집에 간 한국 선수단을 현지 주민들이 일본 선수라고 착각했대요. 그래서 제2차 세계대전 당시 일본에 대한 복수심에 불탄 이들 영국인들이 시비를 걸었으나, 우리나라 레슬링, 복싱 선수들을 당해내지 못해 줄줄이 술집 밖으로 내동댕이쳐졌고, 영국 경찰들이 출동해 우리나라 선수들을 숙소로 돌려보냈다고 합니다.

당시 이 해프닝은 전혀 알려지지 않았으나, 2008년 뒤늦게 제이니 햄프턴(Janie Hampton)이 《궁핍한 올림픽》이란 책을 발간하면서 비로소 알려지게 되었다네요. 🐻

하지만 이 같은 역경 속에서도 신생국 대한민국을 널리 알리고 동메달 2개를 안고 귀국한 선수단을 맞는 국민들의 반응은 싸늘했다고 합니다. 1936년 손기정 선수가 비록 일장기를 달았지만 금메달을 획득했던 것에 비해 성적이 기대 이하였다는 것이죠.(금메달 지상주의는 이미 당시 국민들로부터 시작된 겁니다. 🐻)

이후 대한민국은 지속적으로 올림픽에 출전하지만, 북한은 1948년 대회 참가가 무산된 뒤 오랫동안 출전하지 않다가 1972년 뮌헨 올림픽에서야 처음으로 참여합니다. 하지만 첫 출전한 대회에서 북한의 이호준 선수가 남자사격 소구경 복사 경기에서 600점 만점에 599점이란 엄청난 기록으로 금메달을 땄지요. 그런데 수상 소감에서 "원수의 가슴에 총알을 날리는 심정으로 쐈다."고 말해 파문이 일어났습니다.

뮌헨 올림픽 당시 우리나라는 은메달 1개를 땄지만 북한은 금 1, 은 1, 동 3의 성적으로 우리보다 앞서는 성과를 거둡니다. 그게 남북한의 올림픽 성과 경쟁에서 처음이자 마지막인 북한의 우세였지요.

대한민국은 그 다음 올림픽인 1976년 캐나다 몬트리올 올림픽에서 레슬링 양정모 선수가 해방 후 처음으로 금메달을 따고 돌아와 김포공항에서 서울시청까지 전 국민의 환호 속에 카퍼레이드를 하게 됩니다. 🐻

몬트리올 올림픽은 제가 태어나 인지한 첫 올림픽이기도 합니다.

🐻 당시 개막식에서 성화 봉송 마지막 주자로 남녀 선수가 나란히 성화봉을 잡고 뛰던 장면을 지금도 기억합니다.

만약 그때 양정모 선수가 금메달을 못 땄으면 1980년 모스크바 대회 때 우리나라가 불참했었기에 1984년 LA 올림픽에서야 첫 금메달을 땄을 겁니다. 🐻 (쌩유~! 양정모 행님!)

이후 우리나라는 국가 경제력 상승, 전문 스포츠 훈련 인프라 구축 및 체계적인 스포츠과학 도입 등 활발한 체육 증진 활동을 통해 이제 북한과는 넘사벽의 실력 차이를 보이고 있고, 세계적 스포츠 강국이 되었지요.

지난 2012년 런던 올림픽은 1906년, 1948년 이후 세 번째 열린 최초의 도시로 기록이 되는데요. 일본은 1964년 이후 두 번째로 도쿄 올림픽을 2020년에 개최할 예정입니다.

그런데……, 지난 2012년 런던 올림픽 당시 어설픈 진행과 편파 판정으로 우리나라 선수들에게 피해가 많았는데, 일본도 크게 한방 먹었답니다. 그것도 개막식에서. (왜 우리나라 언론 기사에는 이런 내용은 안 나오는지…….)

일본 선수단이 안내요원 안내 실수로 스타디움 입장 후 바로 퇴장해 성화 점화식을 못봤답니다. 🐻

그래서 일본 네티즌들은 영국도 자기네를 미워한다고 자학하며 영국인들을 '화이트 코리언'이라고 불렀다고 합니다. 이처럼 여러 면에서 런던 올림픽은 우리나라와 많은 인연을 맺고 있네요. 🐻

지금 우리나라 체육계에 대한 쓴소리가 많습니다. 오랜 기간 엘리트 스포츠 선수 육성에만 매진해왔고 올림픽 메달 숫자로 국위선양 하려는 인식에서 탈피해야 한다고 지적하고 있지요. 하지만, 70여 년 전 가난한 신생 독립국으로서 우리 민족의 위상을 드높이고자 불가능해 보이던 올림픽 참가를 위해 애쓰신 체육계 원로분들의 노고는 잊지 않았으면 합니다.

03
컬링과 공양미 300석

앞서 올림픽의 역사에 이어 우리나라의 올림픽 도전기를 설명드렸는데요.

이번 2018 평창 동계올림픽에서 우리나라는 영원한 라이벌 일본과 또 다시 극적인 승부를 겨뤘습니다.

스피드스케이팅에서는 이상화 선수와 일본 고다이라 나오 선수 간의 뜨거운 우애가 우리의 가슴을 따뜻하게 해주었고, 컬링 여자 국가대표팀은 비인기 종목의 설움을 뚫고 경북 의성 마늘 소녀들이 "영미~!" 돌풍을 일으키면서 국민 영웅으로 등장하고, '갈릭걸스'로 글로벌 스타가 되었습니다.

준결승에서 우리 팀과 명승부를 펼친 일본 여자 컬링팀 역시 일본에서 대단한 화제였다고 합니다.

이들도 일본 홋카이도 최북단 '기타미' 양파마을 선후배 '양파 소녀'였지요. 이 마을도 경북 의성처럼 한 선구자가 컬링 경기장을 만들어 1980년대 후반부터 컬링 마을이 되었다고 합니다. 양파 소녀들은 부모 세대 때부터 컬링과 인연을 맺었는데 일본 컬링팀 역시 올림픽에서 처음으로 메달을 딴 것이라고 합니다. 이에 '일본 전국 농업협동조합(全農)'에서 100가마니씩 쌀을 선물했는데, 금메달 300가마니, 은메달 200가마니, 동메달 100가마니씩 선물하는 게 전통이라네요.

그런데……, 사실 쌀을 세는 단위인 가마니는 '가리지날'입니다.

🐻

조선시대엔 가마니라는 단위가 없었어요. 쌀 80킬로그램 가마니는 원래 일본 단위 '카마쓰(かます)'예요. 일제시대에 가마니로 기준을 바꾸기 전까지 우리 조상은 쌀을 '석(섬)'으로 세었고,《심청전》에 '공양미 300석'이라고 나오는 거죠.

일부에선 '석=가마니=80킬로그램'으로 잘못 아시던데, 1석은 144킬로그램, 1.8가마니 되겠습니다.

이 같은 단위로 센 것은 장정 1명이 1년간 먹는 쌀을 기준으로 했다고 하지요. 하루 세 끼 먹었다면 한 끼당 쌀 131그램을 먹은 것인데, 예전엔 아침, 저녁을 거하게 드시고 점심은 거의 안 먹었으니 두 끼 기준으로는 197그램을 드신 겁니다.

이게 얼마나 많이 먹는 거냐면, 요즘 밥 한 공기에 들어가는 백미의 중량은 50그램 내외이니 (물을 넣고 밥을 지을 때 수분에 의해 2.2 ~

2.4배 늘어남.) 조상님들이 우리보다 최소 2.6배 이상 밥을 많이 드신 거지요. 🐻

마찬가지로 일본이 가마니 단위로 센 것 역시 성인이 1년간 먹는 기준이었다고 하니, 우리 조상님들이 일본인보다 평균 1.8배 밥을 많이 드신 겁니다. 따라서 공양미 300석은 540가마니입니다.

그런데 우리가 《심청전》을 전래 동화로만 읽어서 '홀아비 심봉사가 어린 청이를 안고 젖동냥'을 하는 장면부터 알고 있는데 원래 이야기는 제법 깁니다.

문제적 인간, 심청이 아버지 심학규(a.k.a 심봉사)는 처음부터 장님은 아니었네요. 황해도 황주 도화촌에 살던 심학규는 몰락한 양반 가문이긴 하지만 글공부를 열심히 하던 선비였고 곽 씨 부인을 맞아 신혼살림을 꾸립니다.

하지만 나이 스무 살에 느닷없이 실명을 하게 되어 침술을 배웠지만, "양반 체통에 어찌 일을 한단 말이오~!"하며 백수 생활을 하는 바람에 곽 씨 부인이 삯바느질을 하며 집안 경제를 이끌어 나갔다고 하지요.

그러다 덜컥 임신을 하게 되고, 출산 후 일주일 만에 사망에 이르게 되자 그때까지 모아 두었던 쌈짓돈을 남편에게 건네며 딸을 잘 키우라고 합니다. 크흑! 🐻

그래서 아무 경제적 능력이 없던 심봉사가 청이를 안고 젖동냥을 다니면서도 한동안은 버틸 수 있었던 것이죠.

하지만 청이가 청소년이 될 즈음엔 돈이 거덜 나, 결국 청이가 소녀 가장이 되어 아버지를 봉양하게 됩니다. 에휴~!

그런데도 정신 못 차리고 마실 놀러 간 우리의 한량, 심봉사가 한잔 거하게 마시고 취한 후, 주막 주인 뺑덕어멈 생각을 하면서 흐뭇하게 걷다가 그만 개울물에 빠져요. 지나가던 몽운사 스님이 구해주면서 혼잣말로, "쯧쯧, 공양미 300석을 내고 열심히 빌면 눈을 뜰 수 있는데……."라고 하자 이 철없는 양반이 그 자리에서 귀가 솔깃해져 덜컥 약속을 하고 맙니다.

이에 그 스님이 "행색이 초라한데 어찌 공양미 300석을 낼 수 있느냐?"고 말리는데도, "날 뭘로 보냐?"고 큰소리치며 기부 장부에 이름을 쓰자 "만약 부처님과의 약속을 어기면 앉은뱅이가 된다."고 말하고 사라집니다.

이후 집에 돌아와서야 자신이 무슨 객기를 부렸는지 안 심봉사가 엉엉 웁니다. 이에 품앗이 하고 돌아온 심청이가 물으니, 자초지종을 설명하며 "공양미 300석을 못 내게 생겼으니 나는 이제 봉사에 앉은뱅이까지 되겠구나!"하고 한탄을 했다지요. (아 놔~, 이 양반아!)

심청이로서는 '이 놈의 영감탱이! 백수 주제에 낮술 먹고 사고나 치고…….' 억장이 무너지는 상황이었지요. 🐻

그래서 그만, 중국 남경 상인에게 공양미 300석 값을 받는 대신 백령도 앞바다 인당수에 빠지는 길을 선택합니다. (실제로 백령도에 있는 유일한 사찰 이름이 몽운사예요.)

그러자 그 소식을 들은 어느 정승 부인이 달려옵니다.

> 정승 부인 : "대신 300석을 바치겠으니 약조를 물리라정~. 그 스님도
> 참 고약타승~."
> 효녀 심청 : "노노노~, 나 이미 계약서 사인했GO~, 상인들 뱃길 사
> 정 딱하GO~, 이 세상 더 살아봤자 재미도 없GO~."

호의를 정중히 거절하고 배에 오릅니다. 아아~! 조선국 글로벌
국제무역에 이바지하기 위해 몸을 바친 그녀의 나이 불과 15세. 🐻

그럼 대체 공양미 300석이라는 게 얼마나 비쌌기에 심청이가 목
숨을 내던질 각오를 했는지 현재 기준으로 그 가치를 한번 따져봅
시다.

2018년 4월 3일 네이버 가격 기준으로 임금님께 진상했다는 '대
왕님표 여주 쌀' 1킬로그램 당 가격이 3,590원이니, 공양미 300석은
3,590(원/킬로그램) × 144(킬로그램) × 300(석) = 1억 5,500만 원 되
겠습니다.

겨우겨우 입에 풀칠하던 심청이에겐 엄청난 금액. 답이 없군요.
🐻

당시 공양미 300석이면 초가집 50채 값이었다고 하니, 초가집 단
가는 310만 원, 현재에 비해 부동산 가격은 싸네요.

일부에선 심봉사가 공양미 300석을 바치고도 눈을 못 떴으니, 불
교를 배척하던 조선 사회의 분위기를 반영한 것 아니냐고들 하는데,

"민폐의 끝판왕! 아놔~ 정말, 학규 너 맴매!"
(출처_네이버 블로그)

실은 뺑덕어멈이 그 피 같은 돈을 갖고 튄 겁니다. 새 애인인 황봉사와 함께요. 그녀는 봉사 전문 사기꾼이었어요. 🐻

그러니 부처님이 공양미 받고서도 눈 뜨게 하지 않은 건 아닌 거예요. 🐻

인당수에 빠졌던 심청은 용왕님의 배려로 연꽃 속에 담겨 다시 바다 위로 떠오르고, 지나가던 배가 그녀를 구출해 '검색포털 실검 1위'로 뜨면서, 말 그대로 '라이징 스타'가 되고 결국 임금님과 결혼하게 됩니다.

연꽃 또한 불교의 상징 아이콘이니 부처님이 보우하신 셈! (헉헉. 부처님 방어해드리기 힘들다.)

하지만 심청 왕후가 고향 마을에 사람을 보내 아비를 찾아봤더니 심봉사는 자식도 잃고 사랑도 뺏기고 돈마저 뺏기자 동네 창피하다고 가출해 행방이 묘연한 상황이었습니다. 이에 심청은 조선 팔도의 모든 봉사를 다 불러 모아 한 달간 잔치를 열게 합니다. (국가 재정이

거덜나게 된 건, 잠시 잊자.)

당시 교통 상황으로서는 함경도 끝자락이나 해남, 부산에서 한양까지 걸어오는 시간을 감안하면 한 달은 잡아야 하니까요. (알고 보면 제법 과학적인 스토리입니다. 🐻)

결국 마지막 날 만난 심봉사는 심청이를 보겠다는 신념에 드디어 눈을 뜨게 되어 해피엔딩으로 끝나는 걸로 나오지만……, 일부 판본에서는 눈을 뜬 심봉사가 또 다시 다른 여인을 만나 아이 낳고 잘 살았다고 나온답니다.

우리가 어릴 적 효녀의 아이콘으로 읽은 《심청전》을 부모된 상황에서 다시 보니 인생의 교훈이 많네요.

이상으로 올림픽 이야기(응???)를 마치고자 합니다.

04
월드컵 유니폼 색상이 두 가지인 이유

어쩌다 《심청전》을 끝으로 올림픽 이야기를 마쳤는데요.

올림픽보다 더 지구를 뜨겁게 달구는 경기가 있습니다. 다들 아시죠? 축구, 피파(FIFA) 월드컵입니다.

단일 종목 스포츠 경기로는 전 세계 최대 규모이자 올림픽과 맞먹는 인기를 누리고 있습니다. 지난 2014년 브라질 월드컵 결승전 시청자 수가 전 세계에 7억 명에 이른다고 하죠? 😺

올림픽처럼 4년마다 열리는 월드컵은 특히 우리에게는 항상 아슬아슬한 경기 결과로 인해 16강을 가기 위한 '경우의 수'를 만들어내온 국민을 수학 통계학자로 만드는 마법도 선사합니다. 🐻

그런데 월드컵 축구경기를 보면 항상 한 쪽 팀은 밝은 유니폼, 반대쪽 팀은 진한 유니폼을 입습니다. 이 유니폼 색상 원칙엔 FIFA의

배려가 숨어 있습니다.

이미 아시는 분도 많지만, 여전히 흑백 TV로 축구를 보는 많은 저소득 국가 시청자를 위해 흑백 화면에서도 쉽게 두 팀을 구분하게 하기 위함이랍니다.

현재 우리나라에선 흑백 TV가 생산도 되지 않을 뿐더러 사용하는 경우도 찾아볼 수 없지만, 아직도 아프리카 등 많은 저소득 국가에선 흑백 TV나 라디오로 시청한다고 하는데요, 여전히 10억 명 정도가 흑백 TV로 경기를 본다는 군요. 🐻

(월드컵 공인구 텔스타)

또한 월드컵 공인구 역시 1970년부터 새로운 형태의 축구공 '텔스타(TELSTAR)'를 선보이는데, 그 이전의 축구공은 배구공과 거의 유사하게 생겼었다고 해요.

이제는 가장 일반적인 축구공 스타일이라 여기는 정오각형 검정색, 정육각형 흰색 타일 형태의 이 축구공 역시 흑백 TV 화면에서 공이 잘 보이도록 검정과 흰색을 섞은 거랍니다. 이름 역시 TV 중계시대를 맞아 '텔레비전 스타'를 줄여 '텔스타'라 했다는 군요.

이후 여러 다양한 디자인을 시도하고 화려한 색상을 넣던 FIFA는 이번 2018년 러시아 월드컵에 사용될 공인구 이름을 '텔스타 18(TELSTAR 18)'로 정하고 첫 공인구 텔스타 때처럼 흑백으로만 색상을 구현해 초기 정신을 살리고 있다고 하네요.

　FIFA가 그리 착한 조직은 아닌데, 이런 면에서는 나름 배려를 하고 있어요.

　월드컵에선 일반적인 축구클럽 경기처럼 진한 색상이 메인 유니폼인 경우가 대부분입니다. 메인 유니폼은 자국 국기에서 모티브를 따서 만드는 경우가 대부분이고 연한색 서브 유니폼은 대부분 흰색으로 디자인 됩니다. 다만 브라질 같은 경우는 국기 색 자체가 밝은 색인 노랑 – 녹색이어서 서브 유니폼이 진한 파랑이라 타 국가와는 정반대이지만요.

　우리나라 국가대표 축구팀 역

(우리나라 축구 대표팀 유니폼 변천사)
(출처_트위터@yonhap_graphics)

시 태극기 색상을 응용해 빨강 상의에 파랑 하의를 메인 유니폼으로, 흰색 유니폼을 서브 유니폼으로 입고 있지요.

다만, 네덜란드는 국기에 쓰이지 않는 오렌지색이 메인 색상인데, 이는 네덜란드 독립 영웅이 '오렌지 공작'이라서 그를 기리기 위해 오렌지색을 상징 색으로 채택한 경우랍니다. 🐻

그러나 일본 팀이 일장기와 무관하게 파란색 유니폼을 입는 건 그 이유가 알려진 바 없습니다. (너넨 정체가 뭐냐? 🐻)

그런데……, 4년마다 전 세계를 달구는 FIFA 월드컵이 탄생한 배경에는 앞서 설명한 올림픽과의 악연이 있습니다. 올림픽 경기는 순수 아마추어 선수들 간의 경쟁이라는 숭고한 가치를 추구했기에 축구에서도 아마추어 선수들만 출전 가능토록 제한을 뒀는데요.

문제는 축구 규칙은 19세기 중후반에 정비되어 유럽과 남미를 중심으로 유행하기 시작했고, 이미 19세기 말부터 유럽에서는 프로축구 리그가 태동한 상태였습니다. 그래서 그 당시 유명한 유럽국가 축구선수는 거의 다 프로선수였다네요. 이 같은 인기에 올림픽에서도 1900년 제2회 대회 때부터 축구가 시범종목으로 채택되었는데, IOC가 엄격하게 아마추어만 출전토록 선수 자격을 제한하는 바람에 불만이 많았다고 합니다.

이에 유럽 국가별 축구협회는 대표 조직이 필요하다고 판단해 1904년 7개국이 모여 국제축구연맹(FIFA, Federation Internationale de Football Association)을 결성하고, 모든 축구선수가 국가대표로 나올 수 있도록 압력에 나서지만 IOC는 요지부동. 결국 FIFA는 남아프리카공화국, 아르헨티나, 칠레, 미국 등 유럽 이외 국가 축구협회까지 영입하며 세력을 키워 자체적으로 축구경기 대회를 열기로 하지만 국가별 규칙 통일, 교통편 등등 여러 문제로 차일피일 미뤄졌다고 합니다.

그러던 중, 1924년 파리 올림픽에서 우루과이가 스위스에 승리해 우승을 차지하더니 1928년 암스테르담 올림픽에서는 우루과이와 아르헨티나 남미 두 팀이 결승에서 만나 우루과이가 2회 연속 우승. 축구 실력은 유럽이 최고라 여기던 유럽 축구협회들의 자긍심에 금이 가고 맙니다.

> 유럽 축협 : "이건 다 IOC 농간 때문이럽! 유럽 유명 선수는 다 프로라고 못 나오게 해서 이럽! 우리 프로선수들 나오면 남미 따위는 예선도 통과 못 할유럽!"
> 남미 축협 : "핑계댈 게 없어서 그런 유치한 소리하남미? 그럼 한번 제대로 붙어볼남미?"

그렇게 해서 아마추어-프로선수가 다 참여하는 국제대회 필요성이 제기되던 차에, 4년 뒤 열릴 1932년 LA 올림픽에선 축구가 아예 정식종목에서 빠진다는 소식이 전해집니다. 지금도 인기 없지만 당시 미쿡인들에겐 축구란 생소한 경기여서 관심들이 없었던 거죠.

이에 제3대 FIFA 회장인 '줄 리메(Jules Rimet)'가 팔을 걷어붙이고 나섭니다. 그리하여 2년 뒤인 1930년, FIFA 주관 제1회 월드컵을 올

림픽 2회 연속 우승한 우루과이에서 개최하고 이후부터 올림픽처럼 4년마다 열기로 합니다. 그러고 보니 근대 올림픽이건 FIFA 월드컵이건 다 프랑스가 주역이었네요.

하지만 다른 유럽 국가들은 머나먼 남미까지 가서 축구를 해야 하냐며 불만을 표시합니다. 당시엔 아직 비행기가 지금처럼 발달하지 않아 남미까지 2주간 배를 타고 가야 했거든요. 🐻 그래서 영국 등이 탈퇴하는 바람에 1회 대회는 13개국만 참여하는 조촐한 경기가 되었지요.

이에 1930년 7월 13일 월드컵 첫 경기는 미국과 벨기에 경기로 시작되었는데, 미국이 3대 0으로 승리해 월드컵 최초의 승리 국가가 됩니다. (아니~, 미국이 LA 올림픽에서 축구를 제외하는 바람에 월드컵이 시작된 건데……. 정작 첫 승리팀도 미국이라니! 🐻)

하지만 최종적으로 2년 전 올림픽과 마찬가지로 우루과이와 아르헨티나가 결승에서 만나 또 다시 올림픽 2관왕 우루과이가 우승하며 그 실력이 진짜임을 입증합니다. 🐻

하지만 1934년 이탈리아 대회와 1938년 프랑스 대회에선 동일한 이유로 남미 국가 팀들이 유럽까지 오지 않아, 유럽 팀들만의 잔치에서 이탈리아가 2회 연속 우승합니다.

이후 2차대전 뒤 다시 열린 1950년 브라질 월드컵에서는 다시 남미팀들이 강세를 보이며 결승전에서 우루과이가 홈팀 브라질을 꺾고 2번째 우승컵을 들지만 그걸로 끝! 그 이후 우루과이는 다시는 결승전에도 진출하지 못하고 있습니다.

(줄 리메 컵)

이때 충격적인 패배를 당한 브라질은 이후 펠레(Pele) 등 스타플레이어를 앞세워 최다 출전(21회. 전 대회 유일 출전) 및 최다 우승국(5회)이 되었고, 1970년 세 번째 우승 시 월드컵을 창시한 '줄 리메' 회장을 기념해 첫 월드컵 때부터 우승팀에 수여한 '줄 리메 컵(Jules Rimet Cup)'을 영구히 소유하게 되었지만……. 1983년 브라질 축구협회 사무실에 도둑이 들어와 영원히 사라지고 말았지요. 🐻

이처럼 우여곡절 끝에 시작된 월드컵은 올림픽보다 더 많은 중계권료를 챙기는 등

FIFA를 부자 협회로 만들어주고 있습니다.

4년마다 열리는 세계인의 잔치, 올해는 또 어떤 흥미진진한 일들이 벌어질까요? 🐻

05
한국 축구 월드컵 도전사

앞서 월드컵의 유래와 FIFA의 숨겨진 배려에 대해 알아보았는데요.

우리나라는 2018년 월드컵을 기준으로 아시아 국가 중 10회로 최
다 출전하는 영예를 안고 있습니다.(대한민국 출전 횟수는 네덜란드와
맞먹는다능! 포르투갈은 7번에 불과하다능!)

(2002년도
한일 월드컵)

하지만 지난 2002년 한일 월드컵 4강을 제외하고는 그다지 성적이 좋진 않은데요.

그럼에도 아시아 국가 중에선 월드컵에서 가장 우수한 기록을 갖고 있고, 이 외에도 뚜렷한 족적을 남기고는 있습니다. 안 좋은 쪽으로요. 🐻 월드컵 역사상 최다 점수 차 패배(1954년 헝가리에 0 – 9 패배), 최소 시간 실점.(2002년 3 · 4위 전에서 터키에게 11초 만에 골 헌납.) 🐻

앞서 월드컵의 탄생에서 보듯 유럽은 이미 19세기 후반부터 프로 축구가 시작될 정도로 탄탄한 인프라를 갖추었고, 남미 역시 1900년대 들어 유럽과 맞먹는 실력을 보유한 반면, 아시아 지역은 상대적으로 보급도 늦었고 여러 인프라나 신체 여건상 불리한 것이 사실입니다.

위안을 드린다면, 이번 2018년 월드컵에서 또 만난 멕시코는 월드컵 역사에 더 뚜렷한 족적을 하나 남기고 있는데요. 월드컵 출전국 중 최초로 20패를 달성한 국가이자 현재까지도 25패로 단독 1위라는 거~! 🐻 그런데 실은 우리나라도 지금껏 5승 9무 17패라 그다지 위안이 안 되네요. 🐻

우리나라와 멕시코와의 축구 인연은 매우 깁니다.

앞서 소개한 1948년 런던 올림픽에서 산 넘고 물 건너 20여 일 만에 겨우겨우 도착한 우리나라 축구팀이 처음 만난 상대가 바로 멕시코였습니다. 하지만……, 모두의 예상을 깨고 우리 축구팀이 멕시코에 5대 3으로 승리를 했지요. (헛! 그 다음 스웨덴과의 경기에서 12대

0으로 졌습니다. 그 스웨덴 팀이 나중에 금메달을 딴 팀이니 실력 차이가 어마어마했겠지요.)

그런데 당시 최초의 우리나라 올림픽 축구팀 결성 뒤엔 어두운 이야기가 숨어 있습니다.

당시 우리나라 축구 대표팀은 30대로 이루어진 은퇴 직전의 노장 선수가 주축이었대요. 20대의 젊은 대학교 축구부 선수들이 더 잘했겠지만, 당시 선수 선발 시 외부 압력에 의해 실업팀 중 조선전업, 조일양조 소속 선수 위주로 뽑았다고 합니다.

그래서 그만……, 국가대표 탈락에 한을 품은 선수 10명이 북한으로 넘어갔다지요. 당시엔 그저 홧김에 친선경기 몇 경기 뛰고 올 생각이었다고 하지만, 그들이 참가한 그 대회는 북한 정부 수립 기념 축구대회였습니다. 🐼 북한에선 올림픽에 나오려고 사이클을 매고 내려온 선수가 있었는데…….

이처럼 당시 체육인들의 올림픽 참여 의지는 38선을 넘어갈 정도로 대단했다고 합니다.

이후 우리나라는 한국전쟁이 끝난 1954년 스위스 월드컵에 첫 진출합니다. 월드컵이 1930년, 1934년, 1938년 3번 시행된 후 제2차 세계대전으로 중단되었다가 1950년 재개했지만, 당시 우리나라는 전쟁 중이라……. 🐼

오랫동안 아시아 배정은 오직 1표, 우리나라는 아시아 예선에서 일본을 꺾고 첫 출전을 하지만, 한꺼번에 같이 갈 비행기를 못 구해 2조로 나누어 타고, 48시간의 비행 끝에 도착하나 헝가리에 0대 9

패배, 터키에 0대 7 패배하며 높은 벽을 실감했지요.

이후 우리나라는 1986년이 될 때까지 32년간 월드컵에 진출하지 못합니다.

1958년 대회는 참가신청서를 분실해서 탈락, 1966년에는 당시 아시아 최강이던 북한과의 대결을 두려워해 예선전 참가를 포기하고 FIFA에 5,000달러 벌금까지 냈다고 하죠.

반면, 북한은 1966년 런던 월드컵에 첫 진출하면서 이탈리아를 1대 0으로 꺾고 8강에 오르는 대성공을 거둡니다. 당시 듣도 보도 못한 아시아 팀에 패배한 이탈리아 팀은 한밤중에 몰래 귀국했지만 성난 팬들이 던진 썩은 토마토를 뒤집어써야 했습니다. 🐻

그런데 2002년 월드컵에서 또 코리아 팀에게 패배했으니 그 트라우마가…… 🐻 실제로 2005년 FIFA가 선정한 '월드컵 11대 이변' 중 두 개가 이탈리아 팀의 1966년, 2002년 패배였어욧!

당시 북한 팀은 8강전에서 만난 포르투갈에 전반에만 3골을 몰아넣으며 4강을 눈앞에 뒀지만, 에우제비오(Eusébio) 선수를 막아내지 못해 3대 5 역전패를 당하지요. 하지만 워낙 인상적인 경기였기에 오랫동안 세계인들에게 북한은 '월드컵에서 이탈리아를 이긴 나라'로 기억되었고, 이후 대니얼 고든(Daniel Gordon)이라는 영화감독이, 세계무대에서 사라진 이들 북한 축구인들의 현재를 담은 '천리마 축구단'이란 다큐영화를 찍어 2002년 공개하게 됩니다.

그런데……, 뒤 페이지 사진에서처럼 북한이 신장이 큰 유럽 선수들과 맞서기 위해 나란히 서서 뒤에서 허리를 잡아 더 높이 올리

는 '사다리 전법'을 구사했고, 그 후 국제축구협회가 이 전법을 부정행위로 금지시켜버렸다고 널리 알려져 있지만 이건 '가리지날'.

실제 '사다리 전법'이라 불린 전법은, 저런 수비 전법이 아닙니다. 5 - 5 또는 4 - 6 포메이션처럼 미드필더 없이 공격수와 수비수만 두어 공격수는 공격만 하고 수비수는 수비만 하는 극단적인 전술을 의미한다네요. 이 공격법이 성공하려면 빠른 발과 지칠 줄 모르는 체력이 중요하지요. 🐻

당시 북한 팀은 발 빠른 선수 5명이 나란히 열을 지어 있다가 수비수가 길게 공중 볼을 띄우면 재빨리 성벽에 사다리를 타 넘듯이 침투해서 골을 성공시켰다고 합니다. 즉, 중세시대 공성전(攻城戰)을 할 때 후방에서 화살이나 돌을 날려 수비군이 흐트러진 사이 공격부대가 사다리를 타고 성벽을 타 넘어가던 것과 유사하다고 하여 사다리 전법이라 부른 것이라고 합니다.

하지만 현대 축구에서는 3 - 5 - 2, 4 - 4 - 2, 4 - 5 - 1 등 미드필드

에서부터 수비 압박을 시작하기 때문에 미드필더가 없는 사다리 전법은 치명적인 대량 실점을 유발할 수 있어 더 이상 사용하지 않는 것이지요.

이처럼 1960년대까지 북한에 뒤처져 있던 한국 축구는 이후 끊임없는 투자와 해외 기술 접목, 유럽리그 진출에 의한 경험치 누적을 통해 1986년 이후 지속적으로 월드컵에 진출하고 있는 반면, 이후 북한은 외부와 차단되면서 축구 기술이 퇴보된 상황이 되었습니다.

그렇지만 1986년부터 1998년까지 우리나라는 월드컵 본선에서 단 1승도 거두질 못합니다. 이런 상황에서 자국에서 개최한 2002년 한일 월드컵 4강 기적은 정말 우리 생애에 두 번 다시 못 볼 명승부들이었다고 생각합니다.

최근 우리 축구 대표팀의 실력이 예전만 못해 보여 아쉬움이 남지만, 이번 2018 월드컵에서도 32년째 이어온 아시아 최강팀이라는 명예를 위해 최선을 다해줄 것을 기원하며 월드컵 도전사 이야기를 마칠까 합니다.

06

롯데 자이언츠가 부산으로 간 까닭은?

축구와 함께 우리나라에서 가장 인기 있는 스포츠를 꼽으라고 하면, 단연 야구라 할 수 있겠습니다.

구한말 와이엠씨에이(YMCA) 야구단 탄생 이후, 일제시대엔 고시엔 고교 야구대회에 조선 대표가 출전할 정도로 성장한 우리나라 야구는 해방 이후 1970년대까지는 고교 야구의 전성시대였지요. 대통령배, 청룡기, 봉황기, 황금사자기 등 각종 고교 야구경기가 인기를 끌던 시기를 지나 드디어 1982년 우리나라에도 프로야구가 시작됩니다.

그런데……, 그거 아십니까?

롯데 자이언츠의 연고지가 부산이라는 것이 '가리지날'이란 것을요! 원래 롯데가 원한 연고지는 서울이었습니다. 🐻

30여 년 전 프로야구 출범 당시 시대로 돌아가봅시다.

프로야구 출범 1년 전인 1981년, 당시 정부는 야구와 축구 모두 프로화를 추진했는데, 당초 축구는 경기장 보수비용을 지원해달라는 요구가 불거져 프로리그를

(프로야구 출범 당시 최초 6개 구단 로고)
(출처_구글 이미지)

당장 만들려던 계획이 어긋난 반면, 야구는 관련 인사들의 적극적인 참여로 6개월여 만에 완결해내고 맙니다.

이렇게 빨리 추진이 가능했던 게 1975년 말, 당시 재미 사업가 홍윤희 씨가 야구인들과 함께 2개 리그, 10개 구단 창설을 계획했으나 무산된 적이 있었기에 그때의 마스터플랜을 활용한 것이었다고 하죠. (40여 년 전에 이미 현재와 같은 10개 구단을 구상하다니…… 오오~.)

그런 이유로 기존 실업야구 리그 선수들을 각 지역별로 헤쳐 모이게 하면 쉽게 프로구단화 할 수 있었기에 당시 정부는 미국 프로야구처럼 각 지역별로 연고지 구단을 정하고, 일본처럼 기업명을 붙이는 하이브리드 전략을 구사했습니다. 당시 실업 리그가 6개 팀이라 전국을 6개 권역(서울 / 부산경남 / 대구경북 / 광주전남북 / 대전충남북 / 경기강원)으로 나누어 권역별로 각각 2개 기업씩 12개 주요 대기업을 후보로 정하여 창단을 권유했다고 합니다.

서울 – MBC / OB

부산경남 – 롯데 / 럭키금성

대구경북 – 삼성 / 코오롱

광주전남북 – 삼양사 / 금호

대전충남북 – 동아건설 / 한국화약

경기강원 – 현대 / 한국화장품

하지만 당시 프로스포츠에 대한 이해도가 낮고 성공 여부가 불확실한 상황에서 대다수 기업이 참가를 망설였기에 6개 기업 선정부터 순탄치 않았다네요.

당시 가장 먼저 프로야구단 창립에 동의한 곳은 엠비씨(MBC)와 삼성이었는데, 삼성은 1938년 삼성상회가 대구에서 창업했기에 대구경북을 연고지로 일찌감치 확정한 반면, 광주전남북은 원래 후보 기업이 아니었던 해태가 참여를 결정했고 마지막까지 참여 기업이 없어 애를 태우던 경기강원 지역은 전혀 뜻밖에 삼미가 발표 전날 전격적으로 참여키로 하면서 6개 기업을 확정합니다. (아아~. 삼미 슈퍼스타즈~. 제가 원년 여름 시즌 삼미 어린이팬클럽 가입자였는데……. 아직도 집에 삼미 슈퍼스타즈 수건을 고이 모셔두고 있습니다. 🐻)

그러나 막상 실무 진행 과정에서 가장 노른자 지역인 서울을 MBC는 물론 오비(OB)와 롯데도 희망하면서 상황이 꼬이기 시작합니다.

당초 프로야구단을 만들겠다고 수년간 공들인 곳은 롯데였다고 합니다. 롯데는 일본에서 1969년 도쿄 오리온스를 인수해 롯데 오리온스(현재 지바 롯데 마린스)를 운영 중이었기에 프로야구단의 홍보 효과를 충분히 간파하고, 1975년 한국 실업야구 리그에 참여하면서 일본의 명문 구단 요미우리 자이언츠의 이름을 빌려 일치감치 '롯데 자이언츠'란 이름을 정했는데, 도쿄가 본거지인 요미우리 자이언츠처럼 수도에 연고지를 두는 것이 최고 효과적일 거라 생각해 서울을 희망했다지요.

창단 희망 기업은 겨우겨우 6개로 맞췄지만 서울을 희망하는 곳이 롯데, OB, MBC 세 곳으로 늘어나버리니 한국야구연맹(KBO)은 미칠 지경이었죠.

직원 : "위원장님, 큰일났습니다. MBC가 지금 당장 서울을 접수하겠답니다. 10분 안에 답을 달라고 합니다."

KBO : "야! 안 돼~, 안 돼~! 생각을 해봐크보~. 롯데와 OB도, 서울은 내 꺼라고 주장해 지금도 조정이 안 되는데……. 내가 두 기업에게 '쫌 양보하셔야겠는데요.' 할 수 있겠니? 6개 팀 중 서울 팀만 3개면 곤란하잖크보."(그로부터 30여 년 뒤, 서울 팀이 3개가 되는 상황이 실현됩니다.)

이에 여러 우여곡절과 조정을 거쳐 OB는 아무도 연고권이 없던 대전충남북 지역에 일단 3년만 갔다가 서울로 복귀하는 것으로 하고, 서울 지역 선수 드래프트 3분의 1을 보장받기로 나머지 구단으로부터 약속을 받아냅니다. 그래서 1985년 OB가 서울로 올라오면서, 당초 충청 지역 후보 기업이었지만 손사래 치던 한화가 창단에 나서게 되어 제7구단 '빙그레 이글스(한화 이글스)'가 탄생하죠.

이제 롯데를 설득할 차례.

이후 회고록 등 증언에 따르면 롯데가 끝내 맡지 않으면 럭키금성을 다시 만날 생각이었다네요. 이런 난처한 상황에서 롯데가 "그럼 우리가 부산경남 지역을 맡는다."고 최종 결정합니다. 언론사와 대립해봤자 이로울 게 없으니 서울 연고권을 양보하고 부산경남 지역을 선택한 것이었는데요.

결국 이 승부수는 성공을 한 셈입니다. 아무리 꼴지를 헤매고 있어도, 창단 후 한 번도 정규시즌 1위를 못했어도 야구의 도시, 부산 팬들의 무한 롯데사랑 덕에 홍보 효과는 톡톡히 본 거지요.(오랫동안 야구의 성지, 마산 팬들의 사랑도 받았고요. 🐻)

반면, 서울 연고권을 차지한 MBC는 당초 'MBC 드래건즈'로 이름을 지었다가 "바르고 고운말 써야 할 언론사가 왜 야구단 명칭에 외국어를 쓰냐?"고 타 언론의 뭇매를 맞고, 🐻 결국 'MBC 청룡'으로 변경, 서울 팀인데 유니폼도 촌스러웠고 성적도 그저 그런데다가 매년 늘어나는 적자를 견디다 못해 1990년 150억 원에 결국 엘지(LG)에 매각하고 맙니다.

원래 부산경남 프로야구단 설립 후보 기업이었지만 머뭇거리던 LG는, 롯데가 부산으로 연고권을 옮기자 프로야구단 창단을 중단합니다. 이후 프로야구의 인기가 예상을 뛰어넘자 결국 1990년

'MBC 청룡'을 인수해 'LG 트윈스'로 재창단하게 되고, '두산 베어스'와 서울 라이벌 구단이 됩니다.

이후 참여를 원하는 기업이 늘면서 구단이 점차 늘어나 지난 1975년 선구자들이 구상했던 10개 팀 리그가 드디어 완성된 겁니다.

또한 프로야구 초기엔 재미난 기록이 많았습니다.

'MBC 청룡'은 백인천 감독이 선수로도 활약했는데, 프로야구 첫해의 타율 0.412, 즉 4할 1푼 2리 기록은 아직도 깨어지지 않습니다.

또한 선수층이 얇았던 해태는 김성한 선수가 10승 투수이자 중심타선 3할, 13홈런 타자로 맹활약을 했지요. 이도류(일본 검술에서 쓰이는 말로, 양손에 칼을 한 자루씩 쥐고 싸우는 검법을 말하는데요, 야구에선 투수와 타자를 겸업하는 것을 뜻합니다.)로 화제를 몰고 있는 메이저리그 오타니 선수의 대선배 되시겠습니다.

롯데 최동원 투수는 1984년 한국시리즈에서 혼자서 4승(1패 포함)한 것으로 유명한데, 이 외에도,

- 75년 경남고, 17이닝 연속 노히트노런 달성,

- 76년 경남고, 한 경기 20개 탈삼진(역대 최다),

- 84년 롯데, 27승(장명부 선수 30승에 이어 역대 2위), 그때는 팀당 경기수가 100경기였는데 51경기에 선발, 마무리 가리지 않고 출전했으니 2경기에 한 번꼴로 등장. 와우!

- 84년 롯데, 223개 탈삼진(한 시즌 최다 기록),

- 방어율 2.46 프로야구 역대 2위 (선동렬 1.20 1위),

《경향신문》1984년
8월 17일자 8면)

등 엄청난 기록을 보유하고 있습니다.

그런데, 최동원 선수에게는 1984년 한국시리즈 4승에 버금가는 또 하나의 전설이 있습니다.

한 선수가 승리투수 겸 승리 타점을 기록했단 걸 아시는지? 그것도 투수가 4번타자로 나와서 8회말 역전 2루타를 날리고는 깔끔하게 그 다음 이닝에서 마무리 투구까지……. 그 말도 안 되는 기록 보유자도 바로 최동원 선수입니다. 🐷

이 얘길 하면 농담인 줄 아는 경우가 있어 증거 자료 제공합니다.

1984년 8월 16일, 그 역사적 사건이 발생합니다. 당시 TV중계가 없어 증거 영상이 없다는 게 아쉬울 뿐입니다.

2번에 한 번 꼴로 등판하던 무쇠팔 최동원. MBC 청룡과의 경기에 구원 등판합니다. 그 경기에서 4회에 최동원 선수가 1실점을 면

저 했지만, 4회말 홍문종 선수의 안타로 동점. 1대 1 상황이 지속되었습니다.

그러던 6회말, 타석에 섰던 롯데 4번타자 김용철이 파울 공에 눈을 맞아 더 이상 경기를 못 하게 되자 빈 1루수 자리에 7번 지명대타 김민호가 들어가게 되었습니다.(지금 같으면 후보선수로 대체하겠지만 당시엔 워낙 후보도 변변찮던 롯데인지라…….) 그러다 8회말 1사 만루 찬스에 4번타자가 들어서야 했는데, 아뿔사! KBO 규정상 지명대타 선수가 1루수를 보게 되면서 그 자리에 투수가 타자로 나서야 되는 상황이 된 겁니다.

이 같은 상황이 되면 보통 다른 타자가 나서고 그 다음 이닝에 투수를 교체하면 되지만, 1대1 동점에 믿는 투수라곤 최동원밖에 없던 롯데였기에 그냥 최동원 선수를 타자로 나서게 했습니다.

> 강병철 감독 : "바라바라 동원아. 니 괜히 휘둘러서 병살타 치지 말고 그냥 서 있다가 삼진 먹고 오래이. 5번타자가 해결해줄 끼다."
> 최동원 선수 : "알겠심더(나도 고교시절엔 타자했는데……, 함 쌔리삘까?)"

MBC 청룡 측에선 롯데의 이 같은 상황을 알고 이미 3번타자를 고의사구로 내보내고 최동원을 잡은 후, 5번타자와 승부를 걸 태세였습니다.

당시 MBC 투수는 하기룡. 이 상황에서 최동원 4번타자를 향해 첫 구를 힘차게 뿌렸습니다. 하지만 꼼짝도 않는 최동원. 그러자 슬며시 하기룡 선수 마음에 갈등이 생겼나 봅니다.

동업자 의식이었을까요? 그 다음 공은 가운데 들어오는 느린 직구!

그 순간 4번타자 최동원! 눈이 빛났습니다. 힘차게 휘두른 배트에 딱 걸린 공은 저 멀리 중견수 뒤로 떨어지는 2루타! 롯데는 2점을 획득해 단숨에 3대 1 역전!

믿었던 5, 6번 타자들은 줄줄이 범퇴 당한 가운데, 9회초 마지막 이닝까지 완투한 최동원은 우리나라 프로야구 역사상 최초로 '한 경기 승리투수 겸 승리 타점 수훈타자'라는 타이틀을 거머쥐었답니다. 공포의 10할 타자 탄생이었던 것이죠. 🐻

지금은 축구, 농구, 배구 등 많은 경기가 프로 리그로 운영되고 있지만, 국내 최초의 프로 리그인 프로야구의 인기에는 미치지 못하고 있지요. 여러 원인이 있겠지만 앞서 설명한 프로야구 초창기 여러 선수들의 전설적인 이야기가 지금도 우리의 가슴을 뛰게 하는 게 아마도 큰 요인일 것 같습니다.

최근 마케팅에서도 스토리텔링의 중요성을 많이들 강조하는데, 프로야구단 창단 비화와 초기 역사 이야기 정말 재미있지 않나요? 🐻

07
수영에서 자유형이란 수영법은 없다

이제 스포츠 관련 마지막 가리지날 이야기를 해야겠네요.

하계올림픽에서 육상 다음으로 메달이 많은 종목이 바로 '수영'입니다.

박태환 선수가 나오기 전까지 사실 우리에게 수영은 그저 백인들의 메달 잔치였고, "대체 왜 수영에 저렇게 메달이 많이 배정되나?" 의문을 가졌습니다.

하지만, 먼 옛날부터 우리 조상들은 식량을 구하기 위해 사냥과 채집을 해야 했기에 하루 종일 걷고 뛰고, 물이 나오면 헤엄을 쳐야 했죠. 국영수가 학문의 기초라면, 육상과 수영은 모든 스포츠의 기본이 되는 겁니다.

우리가 주로 배우는 수영법은 자유형, 배영, 평영, 접영 4가지인데요. 국제수영연맹(FINA, Federation Internationale de Natation)에서도 이 4가지 영법으로 경기를 진행합니다. 혼합경기 시 '접영 – 배영 – 평영 – 자유형' 순으로 경기를 치르죠.

그런데 이 중에서 기본으로 배우는 자유형이란 명칭은 실은 '가리지날'입니다. 🐻

정확한 명칭은 '크롤 영법(crawl stroke)'입니다. 우리말로는 글쎄요 ……, 기면서 차기 영법? 🐻

위에 쓴 수영법 종류를 다시 한 번 보세요.

다른 영법은 다 '～영(泳)'인데 오로지 '자유형(型)'은 끝 글자가 다르죠?

원래 '자유형(自由型, free style swimming)'은 수영경기 종목입니다. 수영대회 시 어떤 영법을 써도 되는 게 자유형 경기에요. 🐻

1896년 첫 올림픽 경기 당시부터 자유형 경기가 있었는데, 당시 엔 지금과 같은 표준화된 규칙이 없었기에 세부 종목 없이 무슨 방식이든지 빨리만 오면 되는 것이었답니다. 초기에는 주로 평영 위주로 갖가지 방식이 등장했지만 1900년 이후부터 다른 영법에 비해 크롤 영법이 가장 빨라 죄다 크롤 영법으로 하고 있고, 그 때문에 그 영법을 자유형이라고 다들 인식하는 거지요. 🐻

크롤 영법이 등장하게 된 계기는 이렇습니다.

근대사회로 접어들면서 유럽에선 스포츠의 중요성이 재인식됩니다. 영국에선 1800년대 초반 이미 수영협회가 결성되어 경기가 열리기 시작했고, 1880년 새로운 영국아마추어수영연맹이 결성되었을 때에는 이미 실내 수영장 300여 곳이 건립되었을 정도로 확산되었다고 합니다.

당시 유럽인들은 거의 대부분 '평영(平泳, breast stroke swimming)'을 했다고 해요. 우리가 흔히 '개구리헤엄'이라 부르는 방식이죠.

다른 영법보다 숨쉬기가 쉽고 체력 소모가 적지만 스피드는 잘 나오지 않는데, 당시엔 누가 빠른지보다 누가 더 오래 버티는지를 더 중요시했다고 합니다.

크롤 영법은 1844년 영국 런던에서 열린 수영대회에 초청선수로 온 두 명의 미국 인디언이 처음 선보였다고 합니다. 당시까지 평영이 보편적이었던 유럽인들은 엄청난 스피드를 보여준 이 새로운 영법을 '풍차돌리기 영법'이라 부르며 놀라긴 했지만 자존심상 야만스럽다는 생각에 받아들이지 않다가, 1902년 호주 이민자인 리처드 케빌(Richard Cavill)이 호주 원주민에게 배운 이 영법으로 우승을 차지하자 그제야 유럽인들도 받아들이게 되었다고 합니다. 🐻

그래서 올림픽 수영경기 시 최초엔 자유형 경기만 있었는데, 이후 크롤 영법이 대세가 되자 스피드에서 확연히 차이가 나서 1904년엔 기존 유럽의 자존심 평영이 별도 종목으로 분리된 것이지요.

'배영(背泳, back stoke, back crawl swimming)'은 다른 영법과 달리 누워서 하기 때문에 등 배(背)자를 쓰는데, 어릴 적엔 한자를 모르니 '물 위로 배가 보이니까 배영이구나~!'하고 정반대로 해석했답니다. 🐻

배영은 1930년대부터 정식종목이 되었다고 하네요. 그리고 나중

(네시(Nessie)를 아십니까? 영국 네스(Ness) 호수에 산다는 공룡요. 🐻)
(출처 구글 이미지)

에 커서 배영을 배울 때 제 체형의 한계로 머리와 배가 다 나오게 수영을 했더니 '네시영'이라는 새 기법을 개발했다고들 하더군요. 🐻

'접영(蝶泳, butterfly stroke swimming)'은 말 그대로 나비처럼 수영한다는 뜻인데, 4가지 수영법 중 가장 나중에 등장한 방식입니다. 어느 수영대회에서 평영 종목에 출전한 선수가 기존 평영과는 전혀 다른 변종 영법으로 이 수영법을 시도한 것에서 유래했다네요.

당시 규정에는 평영 규정이 '팔과 다리가 좌우 대칭으로 움직여야 한다.'고만 되어 있었기에 이 같은 변형 영법이 가능했답니다.

이 새 변종 영법이 기존 평영보다 빨랐는데, 당시엔 팔 동작은 현재의 접영인 반면, 다리는 기존 개구리영법 그대로여서 위에서 보면 나비처럼 보인다 해서 '나비 평영'이라 불렸다네요. 하지만 기존 평영 기법과 달라 평영 경기에 혼란을 주면서 이후 1953년에 이르러 별도 종목으로 분리되었고, 1956년 멜버른 경기에서부터 정식종목으로 채택됩니다. 하지만 오리지날 방식은 무릎 부상이 많아 지금의 돌핀 킥으로 규정을 변경했다고 합니다.

우리나라의 경우 1916년 원산에서 수영강습회를 실시한 것이 최초라고 하며, 1929년 〈동아일보〉 주최 '제1회 전 조선 수영대회'가 첫 공식대회였다고 합니다. 하지만 오랫동안 아시아권에서는 일본이나 중국이 워낙 앞섰던지라 아시안게임에서 금메달을 딴 조오련 선수, 최윤정, 최윤희 자매, 올림픽 최초 금메달리스트 박태환 등 손에 꼽을 정도이지요.

제가 굳이 이 4가지 영법과 유래에 대해 설명드린 이유는, 우리나라에서는 대체로 수영을 배울 때 경기 종목으로서 규정화되어 있는 방식만 배우기 때문입니다. 개인적으로는 배영, 평영, 접영 등 어려운 한자용어 대신 새로운 우리말 표현으로 바뀌길 바라고 있지만, 더 중요한 것은 수영을 배워야 하는 근본적인 이유를 생각해보자는 것입니다.

앞서 접영이 원래 평영 경기 때 나온 변형 영법이었고 별도 종목으로 발전했듯이, 다른 영법도 충분히 존재합니다. 실제 바다에서 인명을 구조하는 구조사들은 개구리헤엄을 응용한 별도의 구조 영법을 사용하고 있지요.

일본의 경우 학교에서 의무적으로 수영을 정규 과목으로 가르치고 있고, 많은 유럽 국가들도 수영을 반드시 배우게 하는데, 이는 수영선수를 키우고자 함이 아니라 선박 사고나 물놀이 시 생존 차원에서 익히도록 한다고 알고 있습니다.

그래서 체력 소모가 큰 영법 대신 물 위에 떠올라 오래 버틸 수 있도록 다양한 방식의 생존 수영을 가장 먼저 가르치는 경우가 많다고 하네요.

우리나라는 학교에서 수영을 배울 수 있는 인프라를 갖춘 곳이 많지 않기 때문에 별도로 수영을 배우지 않으면 안 됩니다. 저 역시 고향이 부산이지만 성인이 되어서야 수영을 제대로 배웠습니다. 또한 수영을 배우더라도 생존 수영 영법이 아닌 4가지 영법을 계속 더 정확히 익히도록 하는 데 주안점을 두고 있는 게 현실입니다.

이제 우리나라에서도 점차 수영 의무교육을 확대해나간다고 하는데, 경기용 수영법만이 아니라 재난 시 체력을 아끼고 체온을 보호해 물 위에서 버틸 수 있는 생존 영법도 가르쳐 우리나라 미래 꿈나무들의 소중한 생명이 더 안전하게 보호되도록 해주셨으면 좋겠습니다.

이상으로 우리 일상생활 속 가리지날 이야기를 마칠까 합니다.

어떠신가요? 우리가 매일매일 접하는 옷, 음식, 주택, 스포츠에 다양한 역사적, 문화적 의미가 많이 담겨 있는 게 놀랍지 않으신가요?

부디 이 책을 그저 '재미있구나!'하고 웃으며 덮지 마시고, 독자 여러분이 스스로 일상생활 속에서 새로운 인사이트를 얻는 계기가 되었으면 정말 좋겠습니다.

1부. 의생활

《두산백과》, 와이셔츠 명칭 유래

《팬티인문학》, 요네하라 마리 지음, 마음산책 (2010)

《서양의 복식문화와 역사》, 고애란 지음, 교문사 (2008)

〈조선일보〉 2000년 9월 23일자 이규태 칼럼 (http://srchdb1.chosun.com/pdf/i_service/pdf_ReadBody.jsp?Y=2000&M=09&D=23&ID=0009230704)

기상청 자료 (http://www.kma.go.kr/index.jsp)

《무기바이블 1》, 양욱 등 지음, 플래닛미디어 (2012)

《발명상식사전》, 왕연중 지음, 박문각 (2012)

《문화와 역사가 담긴 옷 이야기》, 쓰지하라 야스오 지음, 혜문서관 (2007)

2부. 식생활

《식량의 세계사》, 톰 스탠디 지음, 웅진지식하우스 (2012)

《근현대 한국 쌀의 사회사》, 김태호 지음, 들녘 (2017)

《옥수수의 습격》, 유진규 지음, 황금물고기 (2011)

《붕어빵에도 족보가 있다》, 윤덕노 지음, 청보리 (2011)

《한국음식문화 박물지》, 황교익 지음, 따비 (2016)

《전쟁사에서 건진 별미들》, 윤덕노 지음, 더난출판사 (2016)

《커피, 설탕, 차의 세계사》, 이윤섭 지음, 필맥 (2013)

《빛과 꿈의 도시 파리 기행》, 기무라 쇼우사브로 지음, 예담 (2001)

《식탐일기》, 정세진 지음, 파피에 (2017)

《바다의 도시 이야기》, 시오노 나나미 지음, 한길사 (2002)

《비잔티움 연대기》, 존 줄리어스 노리치 지음, 바다출판사 (2007)

《뉴턴의 무정한 세계》, 정인경 지음, 돌베게 (2014)

《말하지 않는 한국사》, 최성락 지음, 페이퍼로드 (2015)

《경성상계》, 박상하 지음, 생각의 나무 (2008)

《맛의 천재》, 알레산드로 마르초 마뇨 지음, 책세상 (2016)

《나는 꽃이 아니다》, 신금자 지음, 멘토프레스 (2012)

3부. 주생활

《산타클로스 자서전》, 제프 긴 지음, 사이 (2005)

"기후와 문명", 고(故) 조희구 연세대 교수 강연

《기후, 문명의 지도를 바꾸다》, 브라이언 페이건 지음, 예지 (2007)

《HD 역사스페셜 2》, 표정훈 지음, 효형출판 (2006)

《백설공주는 왜 난쟁이 집으로 갔을까?》, 모봉구 지음, 눈과마음 (2008)

《아라비안나이트》, 리처드 프랜시스 버턴 지음, 시대의창 (2006)

《신데렐라 천년의 여행》, 주경철 지음, 산처럼 (2005)

《일요일의 역사가》, 주경철 지음, 현대문학 (2017)

《유럽에 빠지는 즐거운 유혹》, 베니야마 지음, 스타북스 (2010)

《로마인 이야기》, 시오노 나나미 지음, 한길사 (1996)

《거의 모든 사생활의 역사》, 빌 브라이슨 지음, 까치글방

《코카콜라는 어떻게 산타에게 빨간 옷을 입혔는가》, 김병도 지음, 21세기북스 (2003)

4부. 스포츠

BBC 뉴스 홈페이지 (http://www.bbc.co.uk/shropshire/features/2004/08/william_penny_brookes.shtml)

《짜릿하고도 씁쓸한 올림픽 이야기》, 김성호 지음, 사계절 (2015)

《내 곁의 세계사》, 조한욱 지음, 휴머니스트 (2015)

《고두현의 스포츠 이야기》, 고두현 지음, 지문사 (2015)

〈동아일보〉 2012년 7월 23일자 기사 (http://news.donga.com/3/all/20120723/47968207/1)

〈한국일보〉 2018년 2월 26일자 기사 (http://www.hankookilbo.com/v/c84c2dd708be46faabb90d63d3a856d3)

《인류 최대의 드라마 월드컵 이야기》, 유희락 지음, 문학사상사 (2002)

《한국 축구 100년 비사》, 박경호 지음, 책읽는사람들 (2000)

 영화 '천리마 축구단', 대니얼 고든 감독 (2002)

《한국프로야구 결정적 30장면》, 김은식 지음, 한스미디어 (2011)

〈경향신문〉 1984년 8월 17일자 8면 기사

《수영 바이블》, 황태연 지음, 부크크 (2018)

《생존 수영》, 강신관 지음, 좋은땅 (2017)